Band 605 der Bibliothek Suhrkamp

Ludwig Hohl

Vom Arbeiten
Bild

Suhrkamp Verlag

Vom Arbeiten ist der Teil I (von insgesamt zwölf Teilen) des Werkes *Die Notizen oder Von der unvoreiligen Versöhnung*, entstanden 1934 bis 1936 und erschienen in zwei Bänden, Zürich 1944 und 1954. *Bild* ist der Teil XII und letzte Teil des Werkes.

Erste Auflage 1978

Druck: Nomos Verlagsgesellschaft, Baden-Baden
Printed in Germany

Für Hans Saner

Vom Arbeiten

Ψυχῆς ἐστι λόγος ἑαυτὸν αὔξων.

HERAKLIT

Vom Arbeiten

Ψυχῆς ἐστι λόγος ἑαυτὸν αὔξων.

HERAKLIT

I

Der Mensch lebt nur kurze Zeit.

Verhängnisvoll ist, sich einzubilden – genauer: die kindische Einbildung zu bewahren –, daß wir lange leben. Alles würde, wenn wir bei Zeiten von der Kürze unseres Lebens wüßten, sehr geändert sein.

Nun sieht unser Leben von der Kindheit aus gesehen freilich lang aus; von seinem Ende aus unerhört kurz; welches ist seine reale Dauer? Sie hängt davon ab, wie oft und von wie früh an du dein Leben als kurz betrachtet hast.

(Denn nicht die Uhr mißt die Länge eines Lebens; sondern das, was drin war.)

Alles, was wir handeln, muß, wenn es Wert haben soll, vom Betrachtungspunkt der Kürze unseres Lebens aus gehandelt sein.

Stehen wir nicht da, so werden wir, auch wenn wir scheinbar tätig sein sollten (äußere Gewalten treiben uns zumeist zu einer scheinbaren Tätigkeit und lassen uns ihr nicht mehr entrinnen), vorwiegend in immer währender *Erwartung* leben; stehst du aber da, so willst du vor allem andern selber rasch noch etwas *tun* (– und mit einem ganz andern Ernste, als jenes Tun geschieht, in dem dich fremde, äußere Mächte gefangen halten). Es ist aber etwas tun und solches Tun – eigenes Tun, zu dem dich nicht fremde äußere, sondern innere Gewalten nötigen, – das einzige, was Leben gibt, was retten kann.

Solches Tun nenne ich Arbeiten.

Ich füge der Deutlichkeit halber nochmals den Abschnitt bei (aus *Nuancen und Details* II, 51), der, wenn auch keine Definition in dem Sinne, daß er das Wesen der Arbeit erklären würde, doch so definitionsmäßig ist, daß er alles unerbittlich auszuschließen zwingt, was ich nicht als Arbeit anerkenne.

»Arbeit ist immer ein Inneres; und immer muß sie nach einem Außen gerichtet sein. Tätigkeit, die nicht nach einem Außen gerichtet ist, ist keine Arbeit; Tätigkeit, die nicht ein inneres Geschehen ist, ist keine Arbeit.«

Es wurde noch darauf hingewiesen, daß das Außen verschieden sein kann: »Wenn es sich aber um innerliche Stoffe, innere Gebiete der Arbeit handelt? Dann immer nach dem relativen Außen (muß die Tätigkeit gerichtet sein): in diesem Inneren wieder dem Außen. (So ist das Klare dem Unklaren gegenüber ein Außen, der Gedanke der Ahnung gegenüber, das gesprochene Wort dem Gedanken gegenüber.)«

Um zu illustrieren: Der Künstler X., der sich seit drei Monaten allein mit »den Bewegungen seiner Seele« beschäftigt, statt seine sichtbaren Werke weiterzuführen – nachdem er doch einmal so weit ist, sichtbare Werke hervorbringen zu können –, arbeitet nicht. »Tätigkeit, die nicht nach einem Außen gerichtet ist, ist keine Arbeit.« Umgekehrt, Herr Durchschnitt, dessen Tätigkeit seit zehn Jahren den Bewegungen einer Mühle gleicht, arbeitet nicht: Seine Tätigkeit ist nicht ein inneres Geschehen.

Davon aber, was das Innere eines Tuns ausmacht, habe ich an mancher andern Stelle gehandelt. (Es besteht, um es kurz zu sagen, in der vollen Notwendigkeit des Tuns.)

Ich hebe davon noch besonders diese hervor (*Nuancen und Details* II, 11):

»Hindern dich die Umstände an der Entfaltung deiner Tätigkeit? Dann wirke auf die Änderung der Umstände hin und du hast darin deine Tätigkeit.«

Ja ich finde es sinnvoll, als Abschluß dieser kleinen Zusammenstellung von Einführendem und Hinführendem, jene ganze Seite nochmals wiederzugeben:

»Es fehlt ... ›in unserer innersten Seele‹ möchte ich sagen, an *farbigen Bildern:* das ist unser Übel[1].

Und unsere Entscheidung ist das: welchen Weg wir, diese *farbigen*

1 Ich finde nachträglich dazu diesen Satz in den Briefen der Katherine Mansfield: For it seems to me we live on new impressions – really new ones.

Bilder zu erlangen, einschlagen. Da gibt es wirklich nur *einen* Weg, und hundert falsche. (Die meisten falschen bestehen darin, irgendeine Art Glück zu erhoffen, auf Glück irgendwie zu *warten.*) Der richtige Weg ist die Entfaltung der vollsten Tätigkeit, die uns möglich ist. Der vollsten: an unserem Vermögen (unseren Bedingungen) und an der Wirkung auf andere (uns wie andere) gemessen. Ein bißchen stricken genügt da nicht (oder es müßte, dem es genügte, ein trauriges Wesen sein). Hindern dich die Umstände an der Entfaltung deiner Tätigkeit? Dann wirke auf die Änderung der Umstände hin und du hast darin deine Tätigkeit. Wohl müssen wir, wie das Buch Jona es lehrt, ›gnädig‹ mit unserer (mit *der*) Natur sein, das heißt sie nicht überrennen wollen (es kommt nur zu *ihrer* Zeit die große Bewegung, die wir träumen), sie auch ›ausruhen‹ lassen (wie wir das vorläufig der Kürze wegen nennen); aber es gibt nur *einen* richtigen Weg . . .«

2

Dieser Mensch will nicht und will nicht arbeiten; mögen wir ihm nun die und jene Dinge zuschieben, die Methoden unserer Beeinflussung auf alle Arten ändern –: Arbeiten ist das einzige, bei dem einem kein anderer helfen kann.
Denn beim Nähen und Mähen kann ein anderer helfen, beim Abschreiben, bei allen Gliederbewegungen und allen Sprechbewegungen und allen diesen Dingen, nicht beim Arbeiten.

3

Worin besteht denn eines Menschen Wert, in dieser Welt, wo alles schwankt?
Es ist aber diese Schwierigkeit, menschlichen Wert zu

bestimmen, auch wieder nur eine scheinbare Schwierigkeit, diese ernst sich gebende Frage eine Trugfrage; ist eine Frage bei jenen, die *nicht am Ort* sind; was können sie sich interessieren? Schwindelei! Die aber am Ort sind, sehen es besser. Das ist des Menschen Wert: *daß er Wert will.*

Sogleich aber muß hier gewarnt werden vor zwei Mißverständnissen – Ungenauigkeiten des Denkens, die zu gefährlichen Verwechslungen führen:

Erstens ist Wert wollen nicht dasselbe wie *sagen,* man wolle Wert (so wenig wie Liebe und das Gesäusel *von* Liebe dasselbe sind).

Zweitens ist Wert wollen nicht dasselbe wie Fett wollen, äußere Macht wollen.

(In Urzeiten mochte indessen hier Identität bestehen und sie besteht bei den Tieren wohl heute noch. Die immer und überall zugrundeliegende Forderung ist freilich die von *mehr* Leben, größerem Leben; nun ist es jedoch in das durch Jahrtausende entwickelte menschliche Bewußtsein längst, Jahrtausende schon, eingegangen, daß es für den Menschen unmöglich ist, auf jenem Wege – dem der Entfaltung von Gewicht, Masse, äußerer Macht – eine größere Quantität von Leben zu erlangen. Wer aber Wert will, kann nicht unaufrichtig sein; d. h., er kann niemals handeln *unter Verneinung schon erreichter Bewußtseinsstufen.*)

– Wert wollen ist nicht dasselbe wie sagen, man wolle Wert: ist aber identisch mit dem Arbeiten.

Wie würde man es aber verstehen, wenn ich sagte »des Menschen Wert liegt im Arbeiten«, heute, im *Derwisch*-Zeitalter:

Tourne, tourne, le derviche!
Que la force centrifuge
Cravache aux quatre horizons
Ses bras, ses yeux, sa raison!
(FERNAND LOT.)

– heute, wo man zehn Stunden sich im Kreise drehen oder den Fußboden so lange reiben, bis er weg ist, als Arbeiten auffaßt?

Man darf nicht enden, darauf aufmerksam zu machen, daß die meisten Menschen sich vor dem Arbeiten flüchten nicht in die Faulheit – nicht in die apparente Faulheit –, sondern in eine total tote Beschäftigung; nicht in die Bewegungslosigkeit ... die wahre heutige Faulheit besteht in einer toten Bewegung.

Vollständige, apparente Bewegungslosigkeit wäre wohl in manchen Fällen sogar besser, weil aus ihr die legitime Bewegung brechen, in ihr die legitime Bewegung wieder ihren Anfang finden könnte.

»Beschäftigung, Bewegung«: ist denn Arbeiten nicht gleich Bewegung (Bewegung also auch gleich Arbeiten)?

Arbeit ist Bewegung ..., *aber die unsrige*. Wir haben die verhängnisvolle Fähigkeit, andere nachahmen zu können, z. B. ein Mühlrad.

Das wirkliche Mühlrad, das sich dreht, arbeitet: denn das Drehen ist *seine* Bewegung, ist seine volle Möglichkeit. Auch die Katze arbeitet mit ihren Bewegungen, sie ist vollständig da in ihnen, vollführt sie zu ihrem Fortschritt. Und die Kinder vorwiegend. Wer das hohe Lob der Kinder im Neuen Testament – eine der eigentümlichsten und vielleicht die modernste

Seite dieser interessanten Schrift, die fast zwei Jahrtausende lang mehr Macht ausübte als irgendein anderes Buch –, wer dieses unvermittelt hervorbrechende, intensive Lob der Kinder nicht voll begreift, sondern mühsam erklären muß – was ungefähr das Gegenteil ist von vollem Begreifen –, ja, der hat auch nicht begriffen, was Arbeit ist.

4

Wir bauen. Aber wo der Bauherr ist, wissen wir nicht. Tue nur das Deinige, das du wohl finden kannst.

5

Im Künstlerischen:
»Gibt es da nicht für deine Entwicklung gefährliche Einflüsse?«
– Wenn ich sehr arbeitsam bin, ist für mich nichts eine Gefahr.

6

Jede Arbeit geht von selber dahin, wo sie keine mehr ist.
Aufgabe des wirklichen Arbeiters ist daher vor allem dieses: immer umzuschalten; fortwährend die richtigen Momente wahrzunehmen, in denen ein Umschalten nötig ist.

Wie schon oft gesagt worden ist und stets wiederholt werden muß, haben sich die meisten Menschen vor dem Arbeiten geflüchtet nicht in die Bewegungslosigkeit, sondern in eine total tote Bewegung.

7

Sie rennen mit entsetzlicher Eile zum Bahnhof und steigen in einen Güterzug. Und selten einmal einer schreitet ganz langsam und fährt mit dem Blitz.

8

Man kann nicht weder im Positiven noch im Negativen, sondern neutral, latent, wartend leben, – »einfach leben«; so wenig, wie man Worte, die weder eigene noch fremde sind, gebrauchen kann; sondern wo du nicht positiv – nicht eigenes Leben – lebst, lebst du *schon* negativ, schon das Leben anderer; genau wie ein von mir verwendetes Wort, das nicht *mein* Wort ist[1], schon Plagiat ist.

9

»O Herr, gib jedem seinen eignen Tod!« hat Rilke ausgerufen.

1 »Mein Wort«: das heißt voll verantwortet von mir. Vgl. VI, 30.

»Gib jedem seine eigene Arbeit« möchte ich lieber gehört haben. (Und »eigene Arbeit« ist hier eine sich anschmiegende Redeweise; denn was ich Arbeit nenne, ist eben immer die eigene.) »Gib«? Nun ist die Frage, wer das geben soll. Was brauchen wir denn noch einen, der es gibt, da die Menschen, wenn sie sich's nehmen, es schon haben? (Abgesehen davon, daß die Herren den Menschen nicht deren eigene Arbeit zu geben pflegen, sondern etwas Entgegengesetztes.)

Der eigne Tod ... – das ist wohl wunderbar, ist vielleicht das Höchste. Es fragt sich aber, wie dazugelangen? Der eigene Tod –, ja, er ist die Krönung: was nützt es aber, einem zu rufen »laß dich krönen!«, wirst du ihm nicht eher die Wege zeigen sollen, die zur Krönung führen?

Auf die eigene Arbeit folgt notwendigerweise der eigene Tod.

*

10

Methode:

Sich hineinlegen in die Dinge: das Schwimmen sei uns ein Bild davon! Zu handeln ohne Ruck und Stoß. Wütendes Umsichschlagen, besonders am Lande, nützt nichts. Besser ist gleich beginnen und wenn es auch sachte wäre; das Element trägt und das ist die Hauptsache.

Es ist nicht Kraft, was den guten Schwimmer macht,

sondern das Vertrauen in das Element, das *schon körperlich gewordene* Vertrauen.
(Der sich am vertrauensvollsten hineinlegen kann in das Element, ist der beste Schwimmer. Mit geringer Kraft schießen die Fische wie Pfeile.)

11

Die Tätigkeiten müssen sich jagen, müssen dicht ineinandergreifen.
Mein Bekannter X. hat einmal behauptet, man müsse eine neue Frau haben, bevor die Beziehung mit der alten aufgehört habe. Jedenfalls muß es mit der Produktion so sein.

12

Schon darum darf man nicht aufhören zu arbeiten:
Die äußeren Umstände, die günstigen, ungünstigen, hemmenden, beflügelnden, wechseln unaufhörlich miteinander ab und zwar ganz unberechenbarerweise. Es kann auf eine lange Epoche schwerster Hinderung fast plötzlich eine der höchsten Förderung einsetzen; derjenige nun, der sich während der latenten Epoche nicht in dauernder Übung gehalten hat – selbst wenn nur das bescheidenste, selbst wenn gar kein sichtbares Resultat erreicht werden konnte! –, braucht eine *Zeit,* sich in die geänderten Bedingungen zu finden (gleichsam verrostet), seinen Zustand in Tätigkeitszustand zu

wandeln; und inzwischen sind vielleicht die günstigen Umstände schon wieder vorbei (pflegen nicht die glänzendsten Konjunkturen die geringste Dauer zu haben?), in jedem Fall ist der Verlust ein erschrekkender[1].

13

Herr Meyer,
das ist ein Herr, der von sich gerne behauptet, daß er festen Boden unter den Füßen habe.

14

Nachdem es mir endlich gelungen war, Herrn Meyer zu definieren
– als den Mann, der bei lauter Nichtgelegenheiten: also *nicht* beim Durchschreiten eines Sumpfgewässers oder Flusses (wo wir auf eine solche Auskunft vielleicht gespannt wären, wo sie einen Sinn haben könnte), nicht beim Durchqueren eines durch Neuschnee trügerisch gemachten Gletscherspaltengewirres; sondern wenn ein neuer Planet entdeckt wurde,

1 In einem Augenblick sauste der Hase vorüber und die faulen Jäger riefen nach ihren Gewehren. – Eines Tages wurde die Ankunft des Fischzuges gemeldet. Die Fischer aber, die sich der Schlemmerei ergeben hatten, mußten erst ihre Netze flicken, ihre Geräte suchen, ihre leck gewordenen Schiffe pflegen. – Man weiß nicht, zu welcher Stunde der Nacht der Bräutigam kommt. Plötzlich erschien er; und siehe, die ihn empfangen sollten, schliefen, waren nicht da, ihre Lämpchen brannten nicht mehr.

oder wenn man von Johann Sebastian Bach redet, oder von den Kunsthändlern, die durch van Gogh reich geworden sind, oder von der Bedeutung der Träume: der bei lauter solchen Nichtgelegenheiten versichert, *er habe festen Boden unter seinen Füßen* –,
habe ich gründlich nachgedacht, was das heißen soll. Mit diesem Boden kann nicht der irdische Boden gemeint sein. Mit diesem Boden kann auch nicht der *reale* Boden: der Boden, den wir selber bauen, gemeint sein. (Denn der schwebt uns nicht als unter den Füßen vor, sondern in Kopfhöhe, mit sehr fernem Horizont, in den seltenen Momenten, da er uns vorschwebt.) Mit diesem Boden kann gar kein Boden gemeint sein.

Nachdem ich es einmal herausgefunden habe, muß ich den Mut aufbringen, es zu sagen. Es heißt, daß Herr Meyer sich nie, *sich unter keinen Umständen auf ein Arbeiten einlassen wird.* Auf seine, die entsetzliche Weise ausgedrückt. Wie es mir gelungen ist, durch diese bergehohe Sinnlosigkeit der Ausdrucksform hindurch doch bis zu dem zu dringen, was gesagt werden sollte? Ja, darüber staune ich nun selber fast. (Jemand redet von »festem Boden unter den Füßen« und wir finden schließlich heraus, erstens, daß nicht von irdischen Verhältnissen, sondern von der schwer zugänglichen Region des unsichtbaren, realen Lebens geredet wird, zweitens, daß aber dort ziemlich genau das Gegenteil von dem gesagt werden soll, was die Worte, wie man sie auch drehe, ausdrücken können!) Doch habe ich es als ganz gewiß erkannt, es ist kein Zweifel mehr möglich. Die Verbindungen des dunklen Ausspruchs – das heißt aber die äußeren begleitenden Umstände, denn es waren ja eben keine wirklichen Verbindungen da –, das jeweilige Gleichartige in den verschiedenen Umständen, Herrn Meyers Miene, Ton, Haltung, haben mich es plötzlich ahnen lassen; und hundert Nachprüfungen haben mich sicher gemacht.

15

Eins in Dreien, Drei in Einem habe ich nie gesehn, aber Zwei in Einem, Eins in Zweien oft. Von den zwei geheimnisvoll verbundenen Gesichtern dieser Dinge schaute fast jedesmal, wenn man das eine sehen wollte oder zu sehen erwartete, einen das andere an; und in Momenten des Überganges schimmerten beide durcheinander.

Das waren: Tun und Erkennen, Erkennen und Tun, wie sie im Arbeiten vereinigt sind.

Und andrerseits auch das Arbeiten in örtlicher Hinsicht: »Arbeit ist immer ein Inneres; und immer muß sie nach einem Außen gerichtet sein.«

16

Demjenigen, der etwas sagt, daß auf diese Art schreiben leichter ist als auf jene Art schreiben, sein Leben lang Geld zusammenhamstern leichter als etwas lei-

sten, rufen sie zu: »Mach's nach, das Leichtere, wenn es doch leichter ist!«
Wenn ich sage, daß den Mount Everest besteigen, oder auch nur die Aiguille Doran, schwerer ist, als um die Erde zu trotten, sagen sie »so trotte erst um die Erde und wir glauben dir«.
Das würde eine schöne Reihe von Dingen werden, um die ich trotten müßte, wenn ich all die Wege begehen wollte, die zu begehen mich die Idioten auffordern.

17

Kein Mensch kann gleichzeitig an mehreren Stellen arbeiten. Um abzustoßen, muß man einen Widerstand leistenden Boden haben. Wenn der Monteur sich auf einer Leiter zur Decke des Zimmers erhebt, um dort etwas zu verändern, darf nicht zugleich unter den Füßen der Leiter etwas verändert werden, oder dann muß man gefaßt sein, daß der Monteur stürzt. Während die eine unserer Bewegungen verändernd, schöpferisch – das heißt Arbeit – ist, müssen die andern Bewegungen unseres Alltags mechanisch geschehen – das heißt das Gegenteil von Arbeit sein –, damit sie die das Arbeiten ermöglichende *Basis* bilden. Es kommt darauf an, daß wir unsere Kräfte vereinigt nach *einer* Stelle lenken – derjenigen, wo wir unser höchstes Resultat bringen können –; und daß wir an die andern Stellen, wo auch gewisse Bewegungen (sekundäre Dienste) nötig sind, keine Kräfte hinfließen lassen, oder das Minimum von Kräften: was eben heißt, daß unsere gewöhnlichen Alltagserledigungen *mechanisch* geschehen sollen.

Sofort müssen wir an Kant denken, einen überaus schöpferischen Menschen – das heißt überaus großen Arbeiter –, von dem man erzählt, daß er etwa dreißig Jahre lang sich jeden Tag um fünf Uhr erhoben, um zehn Uhr niedergelegt habe, daß er jeden Tag zur selben Stunde am selben Haus vorbeigekommen sei, so daß die Leute ihm den Übernamen »die Uhr« verliehen. Es wäre leicht und kurzsichtig, diese Lebensführung einem natürlichen Hang zum Pedantismus zuzuschreiben. Sie stand in enger Beziehung mit der überaus großen Arbeit; Nachprüfungen überall da, wo sehr große Arbeit war, werden ganz Ähnliches zeigen. (Nur im Vorübergehen werfen wir einen Blick auf die Lebensweise von Rodin, Cézanne, Balzac, Spinoza; auch die Arbeitsweise von Thomas Mann soll ganz »pedantisch« gewesen sein.) In gewissen Vierteln von Großstädten, wie dem Montparnasse, begegnet man bisweilen ungemein aufsehenerregenden Künstlerfiguren; nichts an ihrer Erscheinung ist konservativ; ihr Dasein ist eine Kette von unschuldigen Skandalen: Nicht so war Lenin, der Jahre oder fast Jahrzehnte lang in Bibliotheken arbeitete, Hefte mit winziger Handschrift füllend, äußerlich wie ein Bürger lebend, der aber dann allerdings die Welt veränderte. Cézanne, der größte Revolutionär unter den Künstlern, fristete das Dasein eines kleinen, ängstlichen Rentners, zurückgezogen, karg an Gesten, ja, fast karg . . . an Geist. Das Feuerwerk zischt nach allen Seiten, die Kanone ist präzis und still.

Womit verbringt denn ihre Tage Frau Meyer? (Frau Meyer, die besonders in den nördlichen Teilen Europas und in den wohlhabenderen Ständen viele Schwestern hat.) Sie widmet sich ihrer Haushaltung. Und diese Haushaltung ist reich! Das heißt, eigentlich nicht so sehr; es ist eine ganz kleine Haushaltung; und wenn für Ernährung gesorgt und die Wohnung einigermaßen rein gehalten wird, ist alles geschehen, was man vernünftigerweise hier tun kann; jedoch bei Frau Meyer ist Haushalten eben schöpferisch! Keine Handlung findet man da, die mechanisiert wäre; Frau Meyer ändert unaufhörlich alles, von der Art ihrer Speisenzubereitung und ihres Einkaufens bis zur Anordnung der Teppiche; etwas am Hausstand ist jederzeit provisorisch; sie ändert die Reihenfolge der Erledigungen und wieder der Teile jeder einzelnen Erledigung, so daß immerfort Erschwerendes, Unerhofftes, Neues entsteht. Und so, über dieser erfindungsreichen, schöpferischen Art ihrer Ausführungen, bringt sie es denn zustande, täglich zehn Stunden für die Erledigung ihrer Hausgeschäfte zu verwenden, auch wenn dieser Hausstand nur zwei Personen umfaßt und die Wohnung noch so klein ist, auch wenn sie ein Dienstmädchen hat, und endlich noch zu klagen über die viele Arbeit[1]. Es ist eine Schande.

1 Erklärungen wie, es liege nicht im Bereich einer Frau Meyer . . ., es müsse auch gewöhnliche, einfache Leute geben, u.s.f., kennen wir. Sie sind falsch. Es müsse auch die Kleinen geben: sage ich denn, daß Frau Meyer größer sein soll, als sie sein kann? Sage ich denn, daß Frau Meyer die Werke Goethes hätte schreiben sollen? Das Schöpferische in dem universalen Sinne, wie ich es verstehe, hat nicht nur mit jenen eigentlicheren, den höchsten Werken zu tun; es geht, jeden nach seinem Maß, alle an. Auch Frau Meyer könnte ein wertvolleres Leben führen – könnte nicht nur, sie hat es sogar durchaus

Man warte mit dem Einwand, Frau Meyer fülle ihre Zeit so aus, weil sie nichts Bedeutendes, keine wirkliche Arbeit zu tun habe: denn ich will ja eben sagen – und ich sage es mit ebensolchem Rechte –, weil sie ihre Zeit auf diese Weise verbringt, wird sie nie eine höhere Beschäftigung, etwas Wirkliches zu tun finden. All ihre bessern Kräfte werden verbraucht, zerstreut. Man kann an jeder Stelle, wenn nicht schöpferisch sein, so doch seine schöpferischen Kräfte vergeuden. Es besteht für Frau Meyer nur eine Hoffnung: die gewaltsame äußere Einschränkung durch irgendeine Art Gefängnis (die sich manche Frau Meyer in einem gewissen Maße selber bereitet, indem sie sich eine Krankheit anschafft.)

Man weiß, wie der durchschnittliche Franzose sein äußeres Leben einrichtet; er wurde dieser Gleichförmigkeit, Sterilität wegen oft verlacht; aber daß er so lebt, das hängt eng damit zusammen, daß Frankreich, was die Kultur einer ausgedehnten mittleren Schicht, die durchschnittliche Kultur des Volkes angeht, mit keinem andern modernen Land sich vergleichen läßt. Durch die Mechanisierung des alltäglichen äußeren Lebens werden höhere Kräfte frei.

(Der Holländer, Gegenteil des Franzosen, verwendet die Kräfte, die ihm nach der sogenannten Berufsarbeit bleiben, zu unaufhörlichem Ändern und Verbessern seiner Wohnung. Für den Franzosen haben Gedanken

nötig: so nötig, daß sie darüber krank ist seit Jahren. Weil die Seele krank ist, erzeugt sie fortwährend körperliche Krankheiten, die kein Arzt heilen kann. (Keiner von diesen Ärzten, die Frau Meyers Milz untersuchen, aber nicht ihr Leben.)

eine höhere Anziehungskraft als Möbel. Er will lesen, an Dingen des Geistes und der Welt teilnehmen, diskutieren. Am Abend verläßt er seine Wohnung, geht nach Veranstaltungen, ins Café, um zu sehen, zu hören, zu reden; der Holländer sitzt den Abend lang vor seinen schönen Möbeln und glotzt auf eine eigenartige Weise.)

Immer und überall gilt es: Sobald die Vorgänge auf einer Ebene mechanisiert sind, treten die schöpferischen Kräfte (die Kräfte schlechthin) auf einer höheren Ebene in Erscheinung.

Es war in Urzeiten einmal ein Geschöpf, das die erste Maschine erfand, genauer: fand, entdeckte (das wird etwa der Hebel gewesen sein). Dürfen wir annehmen, daß es sie entdeckte, weil es intelligenter war als die andern Geschöpfe? Nein, sondern es fand sie durch Zufall (diese *erste* Mechanisierungsmöglichkeit einiger seiner notwendigen Erledigungen): aber sobald sie in seinem Gebrauch stand, *wurde* es intelligenter als die umgebenden Geschöpfe; das heißt, seine Kräfte verließen die Ebene, auf der nun Mechanisierung eingetreten war, und suchten ihre Anwendung auf der nächsthöheren. Anders ausgedrückt: seine Kräfte wurden jetzt, im Vergleich zu denjenigen des zurückgebliebenen Geschöpfes, des vollständigen Tieres, das, was wir nennen *schöpferisch*, – und waren dennoch, nur angewandt auf einer andern Ebene, dieselben Kräfte, wie die sich beim Tier in unaufhörlich wiederholten, fast keine Frucht bringenden Tatzenbewegungen verbrauchten. (Während das vollständige Tier etwa sich Tage lang damit beschäftigte, den Stein, der vor seine

Höhle gefallen war, wegzuschaffen – mit Scharren, Kratzen, Schieben, Stoßen –, erledigte das jenes andere Geschöpf, das schon den Hebel kannte, in einem Augenblick und wandte sich mit seinen Kräften anderem zu.)

*

18

Das menschliche Arbeiten, das weltverändernde Wirken, vollzieht sich in drei Stufen. Diese sind:
1) Die große Idee
2) Die (der großen Idee entsprechenden) Einzelvorstellungen; anders gesagt: die Applizierung der großen Idee, ihre Auflösung in kleine Ideen, Ideen des Einzelnen
3) Die (den Einzelvorstellungen entsprechenden) Einzelausführungen.
Kurz gesagt: Die große Idee, die kleinen Ideen, die kleinen Taten.
Und leider bleiben die meisten Menschen stets auf der ersten dieser drei Stufen stehen; bleiben stehen bei der großen Idee oder ihr gegenüber auf einer Art Aussichtspunkt; die Sache bekommt dann die Farbe und den Rang des »Idealismus«, der Phantasterei; man denke nur an die Kirche und an die Menge der durch sie Untätigen. Benjamin Constant hat genau das gesehen, als er schrieb: »Les sots font de leur morale une masse compacte et indivisible, pour qu'elle se mêle le moins possible avec leurs actions et les laisse libres dans tous les détails.«

– Diese drei Stufen sollen das Ganze des menschlichen Handelns bilden? Sie bilden das Ganze, sind alles.
– Wo bleibt denn die große Tat?
»Folgt dann die große Tat etwa von selber?« Nein. Sie ist schon geschehen.

19

Das Höhere als eine große Idee sind also die kleinen Ideen, die aus einer großen Idee entsprungen sind; und das noch Höhere die kleinen Taten, die aus den kleinen Ideen entsprungen sind, vorausgesetzt, daß diese ihrerseits wieder aus einer großen Idee entsprungen sind.

Die Narren werden sagen: »Hm; und das Höchste ist die große Tat?« Auf das deutlichste ist auszusprechen: Es *gibt* keine große Tat *noch,* das heißt eine große Tat, die etwas anderes als das Genannte wäre; die dritte der drei Stufen ist das Höchste, ist der Abschluß. Die drei Stufen sind eben die menschlichen Stationen, die zusammen die große Tat darstellen.

Als Beispiel untersuchen wir die große Tat, die in der Errichtung eines ungewöhnlichen Bauwerkes besteht: Du hast die großartige Idee eines Gebäudes – die Vision eines großartigen Gebäudes (und wer sah nicht *einmal* in seinen Träumen einen erhabenen Bau, sei es Palast oder Kathedrale?); das ist die erste Stufe. Und ist die, auf der die Allgemeinheit stehen bleibt, sich ein bequemes Verhältnis bildend mit der Vision, der man den Namen »Ideal« verleiht und die weit entfernt, gegenüber und geschieden liegt (wie ein Berg, wenn ein tiefes Tal ihn trennt, vom andern geschieden ist) von dem, was die Menschen ernst nehmen (»les sots font de leur morale une masse compacte et indivisible . . .«); selber nicht ernster genommen als Zuckerbäckerkünste, Monstranzen von Pfaffen, schmückende Glasuren, überflüssige Ornamente, die, wie man sagt, das Leben »verschönern«, »angenehm begleiten«, – die aber nie vermögen, da eine Wirkung auszuüben, wo das Leben häßlich ist und Schönheit nötig hätte, wo es wehvoll ist und Linderung der Schmerzen forderte.

Du setzest die große Idee um in Einzelideen (die gar nicht groß sind!); das ist die zweite Stufe und die, die schon selten erreicht wird: So ist *die* und so *die* Mauer, so das Dach und so die Schwelle; 20 cm, 85 cm, 2 m 65, 7 × 33, Winkel von 42 Grad. Dies alles aber – keiner entrinne! – müssen Maße sein eines Gebäudes, das der großartigen Idee entspricht, nicht irgendeines Hauses! Die Schwelle sei nicht *irgendeine* Schwelle! Dicke der Mauer, Länge jedes Balkens, alle Maße müssen zusammenstimmen, zusammen aber das großartige Gebäude ergeben, nicht irgendein Gebäude.

Dann führst du aus, Schwelle, Mauer, Türen, alles so, wie die Einzelideen vorzeichneten (und das »Zeichnen« kann ja hier im buchstäblichen Sinn verstanden werden). Das ist die dritte Stufe. Dieses Ausführen besteht, wie jeder weiß, in lauter kleinen Taten, zahllosen, mühsamen, *gewöhnlichen.* Wenn nun alle kleinen Taten beendet sind, Fenster eingesetzt und Gelän-

der angebracht, bleibt da noch die große Tat zu tun, worin bestünde sie?
Mag diese Lehre den wenig Denkenden banal erscheinen; ich glaube, daß sie den Jünglingen immer wieder zu bringen nicht von einer gewissen Nützlichkeit, sondern einer ungeheuren Bedeutung ist; und daß darin vielleicht mehr als in irgend etwas anderem die Liebe zu den Menschen liegt. Nichts anderes als diese Lehre ist es, was sich durch Goethes Werk, jedenfalls des alten Goethe Werk, hindurchzieht als die dominierendste Linie. *Wer* würde die große Tat vollbringen, wenn sie in Wirklichkeit so wie in der Vorstellung der Jüngling wäre? Es *ist* nicht so schwer, wir sind nicht so verloren, so vom Zufall abhängig, vom »Glück«; nein, wir können ungefähr das herausbringen, was wir sind. (»Wer immer strebend sich bemüht ...«)
»Die Höhe reizt uns, nicht die Stufen; den Gipfel im Auge wandeln wir gerne auf der Ebene.« Wer aber würde den Gipfel erreichen, wenn er es in einer großen Tat, d. h. ohne die Stufen, ohne die Schritte (also in einem Sprunge) vollbringen müßte? – Wer ihn erreicht hat über die Stufen, muß der noch die große Tat tun?

20

Noch einmal:[1]

Die große Idee,
Die kleinen Ideen,
Die kleinen Taten,
– und keine vierte Stufe, nichts anderes mehr.

(Du habest die große Idee, dein Leben zu ändern [und haben nicht die meisten sie?]; so laß die große Idee zerfallen in die ihr entsprechenden Teil-Auffassungen [wie viele gelangen so weit?]; tue diese einzelnen Dinge [langsam, im Maße deiner Möglichkeit, *deiner* Kräfte nur, eins nach dem andern]: Dein Leben ist geändert.)

Ich sehe den Einwand kommen, ich sehe im Geiste vor mir einen langsam den Kopf schüttelnden Mann (nicht ganz waagrecht und nicht ganz senkrecht bewegt er den Kopf), der den Einwand vorbringt: In dem, was ich sage, sei gewiß viel Richtiges und es möge für das gewöhnliche Dasein sogar durchaus zutreffen; jedoch gebe

1 Steht diese Darstellung des menschlichen Arbeitens, in der ich eine klare Dreistufigkeit aufzeige, nicht im Widerspruch mit der oder jener meiner andern Aussagen über denselben Gegenstand etwa jener Stelle, wo ich vom Arbeiten als einer unerklärlichen Zweiheit von Innen und Außen rede? – Man kann jederzeit vom selben Gegenstand verschiedene Strukturen aufzeigen. Ein Haus läßt sich einteilen in Keller, Erdgeschoß, erstes Stockwerk usw., besteht zugleich aber auch aus Zement, Stein, Holz, Eisen, und wo wäre da der Widerspruch? Man kann den Montblanc von Courmayeur aus und von Chamonix betrachten; und man kann ihn von Courmayeur falsch und von Chamonix richtig sehen, aber auch von Chamonix falsch und von Courmayeur richtig. Der Flieger indessen erblickt den Berg wieder in einer ganz anderen Ausbreitung: alle drei Betrachter jedoch können uns den Montblanc näher kennen lehren. Und der Alpinist untersucht ihn in Hinsicht seiner Besteigbarkeit, unterscheidet leicht begehbare Flanken, ein schwieriges Gratstück, eine abweisende Wand; der Geologe übermittelt uns von ihm ein ganz anderes Bild, da ist nicht Rechnung darin getragen, wo ein Mensch sich hocharbeiten kann. – Und es ist immer noch der Montblanc.

30

es in der Geschichte, da, wo man im besonderen von Geschichte, oder von Weltgeschichte, spreche, Gelegenheiten, bei denen *nur* die große Tat möglich, erforderlich sei, die eigentliche große Tat, die man nicht anders nennen könne: nicht einzelne Ausführungen! sondern ein Zusammenreißen in *einem* Augenblick, aller sonst in verschiedenen Richtungen wirkenden Kräfte zu einer Synthese, welche die Natur der Explosion, des Sprunges habe. (Man möge an eine Schlacht Napoleons denken etc.)

– Auch das werde ich leugnen. Daß in einem gewissen Sinne die große Tat existiert, ist ohne weiteres klar und niemand wird darüber streiten: sie existiert *im Fernanblick;* wir, die weit weg sind, sehen dort eine große Tat. Aber in der Wirklichkeit, in der Nähe, während es geschah, war alles anders. Möge doch in uns die Beobachtung wachsen! Nicht *er,* der Held der Geschichte, schickte sich an zu einem Sprung: die vielen Momente – Einzelausführungen –, die er aneinandergereiht hatte, trugen ihn hin: Er hatte in diesem Augenblick nicht mehr zu tun als in irgendeinem Augenblick der vorhergehenden seriösen Ausführungen. (Das deckt sich mit dem, was ich an anderer Stelle sagte: Die Ethik zu schreiben war für Spinoza, da, wo Spinoza war, leicht.) Die zahlreichen hinter einem liegenden Momente bilden wohl manchmal einen solchen Druck, daß sie einen weiteren, kurzen Moment erzeugen, der nennbar in das Welthistorische schlägt (um sich nachher wieder in einer neuen langen Serie anonymer Momente fortzusetzen), ohne aber in diesem welthistorischen Moment irgendwie einen *Sprung* von dem Ausführenden zu verlangen: Er tut nur ein Einzelnes, ein Genaues, wie er vorher getan hat. Das kann uns besonders klar werden, wenn wir uns an die Worte erinnern, die einer der gewaltigsten Revolutionäre im entscheidensten Augenblick gefunden haben soll: »Hier stehe ich; *ich kann nicht anders.*«

O lieber Freund Mensch, das Leben ist doch nicht so schwer!

21

Einige bemühen sich immer, in die Geschichte einzutreten. In die Geschichte tritt man von selber ein.

22

Ach ja, das alles (von der Dreistufigkeit) sei ja längst bekannt, hundeeinfach, klar wie Wasser, sagt man mir. (Ich brauche nicht hinzuzufügen, daß die Unterhaltung mit Herrn Meyer, dem Apotheker, geführt wird.)

Genügend bekannt, einfach?

– Natürlich. (Er rümpft die Nase, schaut hochfahrend und ermüdet.)

– Vollständig klar, und wahr, und einfach? Realisierbar also?

– (Er macht eine stumme Bewegung.)

– Warum bist du denn so ein Stümper geblieben?

23

Dieser hielt sich ans Einzelne und änderte das All. Jener predigte das Universale und änderte weder das All noch das Einzelne.

24

Ich scheue mich nicht, es noch einmal zu wiederholen: Es gibt nicht, nach den genannten drei Stufen, noch eine große Tat. Und das ist der Satz, den ich an dieser Stelle in Stein geschlagen haben möchte, nicht geschrieben auf Papier.

... daß es, viertens, noch die große Tat gebe, das ist

der *Wahn*, der Wahn, der unter den Menschen am meisten Unheil gestiftet hat. Nur wer nicht länger nachdenkt, ermißt das nicht. Warum ist Ernst Schmetterling eine so traurige Sache, so nichtig, so – *wertlos?* Er sagt: »Ja, wenn *alle* Menschen ... tun würden ... (nicht in den Krieg ziehen, ein anderes Leben führen oder dergleichen), so aber – was kann einer. (Wenn die große Tat geschehen wäre, geschähe, geschehen würde, dann, ja ...)« Und er bleibt Ernst Schmetterling, eine so traurige Sache, so nichtig, so wertlos. (Ein Mann, der, wie die meisten andern, nicht das Geringste tut, nicht das Kleinste ändert, von dem nichts zurückbleibt.)

Ernst Schmetterling ist ein Mann, der nicht teilnimmt an der Welt und von dem folglich, wenn er gestorben ist, nichts zurückbleibt. Und die große Idee hatte er indessen, Ernst Schmetterling, er hatte die volle Sehnsucht! Wir können nicht teilnehmen an der Welt durch die große Idee, durch die volle Sehnsucht. *Es ist nicht möglich.*

*

25

Es glänzt der Panzer Achills und jener alten Krieger – er glänzt durch die Jahrhunderte hindurch. In der Nähe war er von Staub und Schweiß verdüstert, und von Blut. Was ist denn glänzend bei dem, der die Leistung tut? Nur sein Glaube, die ferne Vision ...; nie das Sichtbare, das Einzelne, das Nahe. Die einzel-

nen Schritte, welche die große Besteigung ermöglichen (die selbst man nie tun kann), sind nichts als Mühsal, unsägliche.
Ich habe die Männer auf den Bergen gesehn. Daß ihr Tun leicht sei, ist eitel Lüge.
Jeder einzelne Schritt ist das Brechen eines Widerstandes; jedes Brechen macht Schmerzen.

26

Aus dem Hochgebirge:
Ich meine, ich habe auf keiner Hochgebirgsbesteigung einen einzigen Schritt getan mit Freude. Das sei uns ein Bild des Ganzen.
Froheit, Freudigkeit konnte mich aber wohl erfüllen, wenn ich an das Gesamte, d. i. Ziel und Sinn der Besteigung, die Unternehmung der Besteigung, die Besteigung dachte. Die einzelnen Schritte sind ganz einfach sauer. Und ebenso erinnere ich mich nicht, daß etwa je beim Schreiben das mich Hinsetzen (mich *wieder* Hinsetzen!), das Ergreifen des Stiftes, kurz das Einzelne, nicht sauer gewesen wäre:
Seine Sauerkeit konnte aber in manchen Fällen von der Froheit, die vom Ganzen ausging, übertönt werden, zugedeckt, in ihrer Wirkung aufgehoben – genau wie im Gebirge die Sauerkeit der Schritte.
Das einzige, was man hoffen kann, ist, daß die einzelnen Schritte vom Ganzen so vollständig gehalten seien, daß sie wie unbewußt geschehen.
Den Leuten, die das leugnen, fehlt eben das Gedächt-

nis. Oder, in den komplizierten und nahen Fällen, das Vermögen genauen Beobachtens.

Und warum der einzelne Schritt einer Hochgebirgsbesteigung sauer wird im Gegensatz zum Ganzen, darüber besteht für mich keine Frage. Das Ganze ist neu, der Schritt ist alt. – Nur das Neue, das Verändernde, Produktive erfreut den Menschen. Nur das Leben erfreut das Leben. (Der Tod erfreut nicht das Leben.) – Ein neues Ganzes machen wir zu einem Teil mit alten Bausteinen: den Schritten in diesem Fall.

27

. . . Fast tödlich erschrocken wandte er sich weg vom Grate und stieg er wieder bergabwärts; und erst wie er Halbstunde um Halbstunde tiefer kam, löste sich allmählich in ihm die Starrheit des Schreckens. – Was hatte sich zugetragen? Hinter dem nackten Grat war eine Gestalt hervorgetreten. War eine Gestalt hervorgetreten, trotzdem, wie er genau wußte, niemand dort sein konnte. Niemand war dort gewesen, war dorthin gelangt als er selber, den seine Wege hingeführt hatten, die wie Kreise um den Berg sich legenden, zahllosen, stets, und von vielen Orten her, neu beginnenden und höher sich türmenden Wege, die Zeiten lang durch das Gebirge sich windenden, unermüdlichen Wege, welche endlich in die Nähe dieses letzten, die Welt vom Himmel scheidenden Grats gebracht hatten . . .
Dann vergaß er nach und nach den Vorgang – halb.

Aber die unermüdlichen Wege waren nicht gestorben; sie trieben ihn wieder, oder er trieb sie. Sie wuchsen wieder auf, bäumten sich wieder auf, in immer größerer Zahl und höher durch das Gebirge sich legend, in dem Maße, wie Zeit verging; ihre *Zahl* wuchs und durch ihre Zahl türmten sie sich höher und höher durch das Gebirge. – Diese *Wege* wollte er; er konnte sie nicht nicht wollen. Den Vorgang oben hatte er vergessen. – Und endlich, sich unermüdlich höher schraubend, führten sie wieder zum selben Grat. (Es dauerte lange, wenn es auch rascher als das erste Mal geschah. Es dauerte lange, aber endlich führten sie doch *dahin;* sie konnten nicht anderswohin führen.) Dort aber . . . trat eine Gestalt hervor.

Und er floh abermals. Er eilte bergabwärts, jedoch nicht mehr so rasch, von so großem Schreck getrieben, wie das erste Mal. Und als er ein Stück sich entfernt hatte, wagte er es, sich zurückzuwenden: da war oben der Mann verschwunden.

Das wiederholte sich viele Male, bis er endlich, am Grate stehend, zu bleiben, zu schauen vermochte.

Da erkannte er, daß diese Gestalt er selber war.

Jedoch war jener dennoch ein anderer und vermehrte ihn um einen Mann. Er handelte ohne ihn; er vermochte seine Augen anderswohin zu lenken, ihm war eine neue Gewalt gegeben und er würde notwendigerweise die Welt verändern.

Er war nicht nur ein Spiegel, sein Ebenbild, sondern auch – sein Sohn.

*

28

Egoismus ist nicht eine andere Welt – nur eine kleinere. Ist nicht das Gegenteil vom Aufgehen in die Welt, sondern eine Vorstufe.
»Meine Sehnsucht ist zu groß geworden, um auf Erden – das heißt in *meinem* Leben – noch Erfüllung finden zu können. Daher muß ich mich notwendigerweise schon den andern zuwenden. Schon den DINGEN«, spricht der Weise.

29

Was das Höchste ist?
Ich muß mich keinen Moment besinnen. Die richtige Arbeit.
– Das Erkennen?
– Die richtige Arbeit *ist* das Erkennen.
– Die höchste Erkenntnis?
– Die größte Zahl von richtigen Arbeiten *ist* die höchste Erkenntnis.
Sie ist eine andere Formel dafür, wie Genie eine andere Formel für vollkommenen Sozialismus ist. Wie Wundertat und künstlerische Potenz ein und dasselbe sind.

30

Dem andern schaden, wenn es einem nützt, kann unter Umständen eine positive Handlung sein. Dem andern schaden, wenn es einem nicht nützt, ist unter allen Umständen eine negative Handlung.

Das Letztgenannte kann also, unter allen Umständen, nur ein dummer Mensch tun. – »Böse«? Böse ist ein abgeleiteter Begriff; man weiß nicht sicher, was man damit meint; er schwankt von Mal zu Mal, von Ort zu Ort. »Dumm« ist ein primärer Begriff.
»Unter Umständen«: dann nämlich, wenn man dadurch instandgesetzt wird, das größere Resultat zu bringen, als der andere, ungeschädigt, gebracht hätte.

31

Der wirklich Tätige kann sich nicht überheben. Überhebung tritt erst dann ein, wenn die Tätigkeit schon unvoll ist, Fehler aufzuweisen beginnt.

32

Wenn eine Handlung nur mir gilt, oder nur den andern gilt, ist sie keine positive Handlung: keine Arbeit.
Denn die positive Handlung gilt dem höchsten Resultat, das ich bringen kann, durch mich oder durch die andern oder durch beide, früher oder später aber immer *für* mich *und* für die andern, für die andern und für mich.

33

Der das Gute tut, um Lohn zu bekommen, ist ebenso verloren, oder noch mehr, wie der, der das Schlechte tut, um sich selber zu belohnen. Der zweite ist kurzsichtig, der erste ist ein Narr.

34

Der tätigkeitslose Mensch muß entweder wüten oder krank sein.

»Tätigkeitslos«: in hohem Maße ungenügend tätig. Denn vollkommen tätig ist keiner, ganz untätig auch keiner.

»Wüten oder krank sein«: je nach seinem Charakter, ob dieser mehr wüst, hemmungslos, oder kultiviert, ethisch-kanalisiert sei.

35

»X. hat sich in eine *Verlustposition* begeben«, schrieb ich in einem Brief und wollte damit andeuten, daß weitere dieser Person zustoßende Unglücksfälle, von denen berichtet würde, mich nicht mehr verwundern könnten, indem sie nichts anderes als das Naturliche, das zu Erwartende seien; daß die Person sich in einer Lage befinde, in der man nur noch verlieren, nicht mehr gewinnen kann. Und diese Lage war so: X. hatte seit einigen Jahren mehr und mehr sich darauf eingestellt, etwas zu *erwarten,* zu warten auf eine günstige, von außen kommende Änderung seines Lebens. Während das einzige Äußere, auf das man ungestraft warten darf, Wirkungsmöglichkeiten sind, Instrumente, unsere (schon bestehende) Tätigkeit zu erhöhen, hatte die genannte Person der Welt eine Schlußrechnung vorgelegt, aus der hervorging, daß die Welt ihre Schuldnerin sei und daher verpflichtet, ihr Abzahlungen zu leisten, das heißt, Beglückungen zu senden durch menschliche Begegnungen, neue Umstände, durch das Außen, durch die andern.

*

36

Die Welt besteht aus Straßen, von denen die wenigsten erst begangen sind. All der ungreifbare Raum um dich besteht aus Straßen, die du nicht als solche vermagst zu erkennen. Straßen muß der Mensch nicht bauen. Den Mut haben, eine Straße zu erkennen, das ist Leistung.

37

Da reden sie immer vom »Schicksal«, von der Tragödie Hölderlins. Und doch ist er einer der wenigen Sieger gewesen ...

38

Und zuletzt glaube ich immer noch an eines: an die Welt. DIE WELT IST DIE GRÖSSTE ALLER PERSÖNLICHKEITEN.

39

Die Menschen bessern sich wenig und spät.
Aber einige bessern sich doch.
Die andern . . . laß.

40

Ob man arbeitet oder nicht, weiß man selber ganz genau.

41

Und da erfand er einen neuen Rausch, den des Arbeitens.

42

Wer wirklich arbeitet, kann nicht mehr aufhören zu arbeiten[1].

1 Der Satz scheint mir zugleich auch die freieste, aber genaueste Übersetzung zu sein dieses Wortes von Heraklit: Ψυχῆς ἐστι λόγος ἑαυτὸν αὔξων. (Wörtliche Übersetzung von Diels: »Der Seele ist das Wort [Weltvernunft] eigen, das sich selbst mehrt.«)

43

»Vivre avilit« hat H. de Régnier gedichtet und man hat dieses Wort hoch gelobt, hat es »fulgurant« genannt; ich finde es falsch.

Das Wort hat indessen eine oberflächliche, eine sprichwörtliche Richtigkeit; es ist richtig, angewandt auf das, was die meisten Menschen Leben *nennen;* und kann somit als Zeugnis dienen über die Art dieses »Lebens«: Verkümmern (sich vermindern, hinsiechen) macht häßlich. Leben führt genau zum Gegenteil, Vermehrung aller Dinge, also auch der Schönheit. Die meisten Menschen freilich führen eine andere Art Dasein, unfähig, sich aufzuheben zur Tätigkeit, unfähig, die zahllosen Bilder zu empfangen, die stetig heranströmen, unser Wesen vermehrend.

Wir erinnern uns vielleicht noch an das Wort, das ein anderer, viel berühmterer Greis über den Verlauf des Lebens geäußert hat: man werde nur *älter,* nicht *weiser;* kann es uns verwundern, daß eben der Greis Hamsun solches herausfinden muß? Wir werden der Meinung dieses großen Lyrikers[1] das Wort eines dritten Greises gegenüberstellen, der ganz gewiß kein geringerer Lyriker war als Hamsun und ganz sicher ein größerer Geist:

»Es wäre nicht der Mühe wert, siebzig Jahre alt zu werden, wenn alle Weisheit der Welt Torheit wäre vor Gott.«[2]

1 Ich denke dabei an die einzelnen wunderbaren Seiten seiner endlosen Erzählungen.

2 Goethe, »Maximen und Reflexionen.«

44

Um die Erkenntnis herum gibt es zwei fundamentale Irrtümer: erstens, man könne sie übermitteln (wie man Namen oder wissenschaftliche Lehrsätze übermittelt); zweitens, man könne sie bewahren (in Gedächtnis oder Bücherschrank).

45

Daß wir aus dem Leben hinaus in den Tod hinüber nichts mitnehmen können, weiß jeder; aber wer weiß die ebenso große Wahrheit, daß wir auch ins Leben hinein nichts mitgebracht haben von irgendeinem *Wert?* Alles, was irgendeiner mitbringen konnte, waren Bedingungen; die Werte, wenn er welche haben wollte, mußte er von Stunde zu Stunde, von Minute zu Minute, *erzeugen.*
Denn Werte können nicht aufbewahrt werden. Das ist ja eben der Sinn aller Veränderungen: die nicht aufzubewahrenden Werte immer wieder gegenwärtig zu machen.
Du brennst: die Flamme ist der Wert.

46

Und daher sind jene allein unserer Sympathie würdig, die, obwohl alle Veränderungen umsonst sind, doch die Veränderungen wollen, – *um das Unveränderliche zu erhalten.*

47

Man kann nicht etwas voll erkennen und nicht tun. Das Erkennen geht *unmerklich* in die Tat über.

Man hört so oft sagen »er weiß es wohl, aber er tut es nicht«. Und das ist wieder so eine billige Sprichwörtchenweisheit, gefällig den Ohren der schwach Denkenden, im Grunde völlig unwahr.
»J. *weiß* ja das alles selbst, weiß, daß die Beziehung mit diesem Mädchen für ihn schlecht ist, zu hoch bezahlt, daß er sie besser aufgeben würde.«
– Nein, er weiß es nicht. Oder was will »wissen« sagen? Wenn J. klar erkennen würde, daß diese Beziehung für ihn schlecht ist, würde er sie aufgeben, und zwar mühelos. Nun, da er an der Beziehung festhält, sind nur diese zwei Fälle möglich:
Entweder ist er nicht so weit, das zu erkennen, was wir erkennen; oder er sieht etwas, das wir nicht sehen und das nicht von der Sache zu trennen ist.

48

Wir wissen zwar, daß die Erkenntnis das Höchste ist. Aber es ist sinnlos, einem Menschen zuzurufen: »Erkenne!« Erkennen ist der Gipfel, aber wie sind die Wege? Über die Ebenen des Alpinisten schaut als Wunderbarstes der Gipfel; aber sein einziges Sinnen gilt dem Weg. Was ist der Weg desjenigen, der steigen will zu den Gipfeln des Lebens? Das Richtige tun!
Welches aber ist die Tat, die am meisten des Richtigen enthält? Dir präsentieren sich, wenn du jung bist, viele! – So ergreife eine, in der du Richtiges siehst! Das Richtige in ihr wird groß, und wird eine Leuchte, die dich führt zu Richtigerem.

49

Variante:
Es ist mir zwar klarer als irgend etwas, daß das Höchste nur im Erkennen, daß die einzige wirkliche Erlösung des Menschen nur im Erkennen sein kann: Aber dem Menschen folglich sagen »Erkenne!« und meinen, irgend etwas getan zu haben, ist reiner Wahn. Es kommt darauf an, das Richtige zu tun; *Arbeiten ist die Realisierung des Erkennens.* Aus Erkennen genährt, nährt es das Erkennen. Das Erkennen nährt sich nicht selber.

50

Wir erkennen durch die Sinne. Aber unser Sinn aller Sinne ist das Tun.

51

Das wahre Arbeiten wäre wie die Melodie einer Orgel, wenn die Melodie einer Orgel mehr Orgeln und immer größere Orgeln erschüfe.
Wie kommt es jedoch, daß von all dem plötzlich das Ende da sein soll durch den Tod?
Dies – kommt gar nicht; haben wir doch dann immer mehr Nicht-Tod: Anschluß an alles. Arbeiten ist nichts anderes als aus dem Sterblichen übersetzen in das, was weitergeht.

Bild

(Geist – Welt – Versöhnung – das Reale)

Wir leben, solange wir dem Bild vertrauen.

KONRAD BÄNNINGER

Elle est retrouvée!
Quoi? L'Eternité.

RIMBAUD

1

Der funkelnde Glas-Stein

Einmal obsedierte mich diese deutliche und starke Vorstellung, dringend wie ein heftiger Traum und fast wie ein Gesicht, und mir großes Wohlgefallen bringend:
Ein Glas- oder Kristallstück, richtig geschlagen, unerhört erglänzend. In einer mächtig eindunkelnden Welt, auf von brauner Nacht übergossenem Boden liegt es – als Leben – noch allein. Dunkler und dunkler wird alles, nur *schief* fallen noch Strahlen unter den Wolken durch als eine Unterschicht. Die obern Schichten sind wie Mäntel, unendliche weiche schwarzgrüne, übereinander, die Welt immer mehr verdunkelnd. (Die Farben nicht von Rembrandt, sondern von Tizian wohl und vielleicht auch von Greco.) Und unten am Boden, dem braunen, liegt immer, noch und noch, und nur größern Lebens, der unermeßlich funklende Stein.

2

Es wollte sich kein BILD mehr finden in seinem aschigen Innern.
Das war sein Verhängnis.

3

Sie sagen »die Monotonie«. Aber es ist nicht die Monotonie, sondern die Leere.

... es ist nicht die Monotonie, das heißt die Wiederholung derselben Realität, Ernährung mit derselben Speise, sondern die Leere, das heißt das Fehlen der Realität, die Nichternährung.

4

Die scheinbaren Widersprüche in der Philosophie: Eine Zeit kam (wann, findet man vielleicht bei Burckhardt), da haben sie die Philosophie nicht mehr begriffen: sie sahen nur noch den Widerspruch der Systeme, nicht mehr das Gemeinsame: sie haben eben die Philosophie selber nicht mehr begriffen (und wußten es nicht).
Sie waren nur noch wie Kinder, die sagen: Jetzt glauben sie nicht mehr an die Möglichkeit einer Musik, denn, was der eine in der einen Form begonnen hat, führt der andere – in derselben Form nicht weiter. Da war Bach und ... da kommt Beethoven ... »Du siehst, in der Musik ist nichts sicher.«
– als die Musik, antwortete ich.

5

Das Ungeheure ist uns teilweise bekannt. Und wenn wir uns den Gesetzen dieses Lebens (»dieses«:

verachtungsvoll, nicht fromm) fügen, so ist es nur, um das Ungeheure noch besser kennenzulernen.

6

Was kann für eine Größe in einem Menschen sein, der dauernd mit dem Schicksal hadert?
Ja, das *Kämpfen* mit ihm ist etwas ganz anderes. Aber Sieger sind nur, die ihm von Anfang an überlegen sind.

7

Zu sehen, daß sich nichts verändert, und nicht erzittern,
sich unaufhörlich für das zu Verändernde einzusetzen,
im Angesichte das Unveränderliche, Steile, Große,
am frühesten Morgen aufzubrechen nach dem Gipfel – seines Glanzes wegen –, den du auch am Abend nicht erreichst: denn er wandelt vor dir hin,
das Ende von Malraux' »Condition Humaine« lesen und *dort* beginnen zu können,
das ist es, was ich der Jugend wünschen mag, zu lernen.

8

Das Alter. – »Die 27 haben sich mir schwer aufs Gemüt gelegt.« – Dieser, der 50 war, fand 40 eine schöne Zahl, wie du jetzt 20. Siehst du das Geheimnis? Wo ist die Jugend? War sie bei 40? War sie bei 27? Was wir erleben – wir erleben es nur im *Inbegriff. Wir* entscheiden die Frage des Alters, dadurch, wo wir hinsehen. Wer immer in seine eigene zeitliche Jugend zurückblickt, ist immer alt. Wer immer in sein kommendes zeitliches Alter hinaufblickt als nach dem Träger (der Ermöglichung) einer höheren Vollendung, ist immer jung, mit 20, mit 40, mit 80 Jahren.

9

Wir sind nur ein Bewußtsein, ein ferner Teilnehmer, wir haben nicht das *Leben.* – Einer, erschrocken, nimmt wahr – erinnert sich –, daß er draußen was hat liegen lassen: ein großes Stück, eine Puppe, ein Ding, eine Geburt: so aber kann es auch sein, wenn einer Frau ein Kind geboren wird; und in tieferem Sinne kann es nie anders sein: sie wirft ein Kind hin irgendwo, es *fällt* aus ihr, sie weiß es nicht: und die ewige Kette des Lebens setzt sich fort – *wer, was* ist es? Sie ist einen Augenblick lang Teilnehmer daran gewesen.

10

Es hat fast alles einen tiefen Sinn: Gott –, die Kreuzzüge des Mittelalters – (die dem Anschein nach auf

falschesten Begriffen ruhenden Unternehmungen finsterer Zeiten).
Dichten heißt, ihm den Sinn wiederverleihen.
Es hat fast alles – –: Ich sage nicht »alles: ein Stein am Weg, jede Mahlzeit, jeder Fetzen dieser verbrennenden Papiere«; wir stürben sonst vor Müdigkeit, wenn wir's wüßten.
Wir suchen uns ja nur einiges aus der Geschichte aus, es wiederzubeleben.

11

Die vergoldende Ferne[1]. – Auf Wanderungen durch Straßen, wozu mich die verschiedenartigen Mängel getrieben hatten, ohne Mittel, ohne menschlichen Umgang; die schweren Hinderungen, die dauernden Verluste der Produktion erwägend, die gestern geschahen wie sie heute geschehen; – und dagegen das Idealbild der Alten haltend (welche doch immer in voller Produktion, umgeben, gefördert waren!), erinnere ich mich aufeinmal, daß wie in der prophetischen Vorstellung auch in jedem Gesicht, ja in jedem *Bild* die Dinge sich so zusammenrücken, daß sie das Unwesentliche (das Unterbrechende, das Öde, das Verneinende) weglassen, nur das *Besondere* wiedergeben. Und das ermöglicht mir, auch in meiner Wanderung dieselbe Wanderung zu sehn.

1 Vgl. II, 281; V, 27.

12

Unwandelbar im Wandelbaren, wie der Mond im Irdischen, der Glanz der konkreten Gegenstände dahingeht im Inneren ...

13

Auch ich glaube, daß die Welt eher gut (positiv) ist. – Das sagt einer nach langer Bahn – und es ist nicht nötig zu sagen »des Leidens«, denn das Leben ist wesentlicherweise Leiden. – Aber das Glück ist nicht da, wo man es gewöhnlicherweise vermutet: *Zu sehen, wie,* in allen Verhältnissen, *der Geist von den Dingen sich scheidet,* das ist das Glück.

14

Eine schlechte Natur und ein guter Geist. (Die Natur ist schlecht, aber der Geist ist groß.)

15

Ja, meine Liebe kann nur denen gehören, die die Veränderung wollen.
Wohl ist vom höchsten Orte gesehen die Welt wunderbar – aber es bleibt doch wahr, daß jene, die diese Welt nicht verbessern wollen, sie nicht verdienen.

16

Die ERKENNTNIS rettet uns; alles andere ist ein Wirrwarr, der niemals stimmt.
»Erkenntnis«: der Gedanke; die von Gedanken gezeugte, mit Gedanken gepaarte oder Gedanken gewordene Unternehmung.
(Diese letzte dreifache Wendung soll ein dunkles Ringen sein; vielmehr, sie ist ein starkes Ringen nach einer noch sehr dunklen und wohl immer dunklen Sache hin.)
Diese mit Gedanken gepaarte, vom Gedanken herrührende, mit dem Gedanken sich deckende Handlung im Gegensatz zu jedem sumpfichten, tierblinden Tun. (»Tierblind« dürfen wir von uns wohl sagen; wenn wir wie die Tiere tun, sind wir blind, – obgleich das Tier gar nicht so blind ist.)

17

Sind Tat und Erkennen eins? Nur verschiedene Aggregatzustände? – Jedenfalls geht das Erkennen ungefähr in der Weise in Tat über wie Wasser in Eis (unmerklich und ohne daß man etwas hinzufügt; und nach wie vor ist da H_2O).
Wo Schau und Tat eines werden, dort ist das Höchste.

Durch das Tun wächst das Sehen, durch das Sehen wächst das Tun. Und immer höher wird die in den zwei Dingen sich manifestierende Erkenntnis: ähnlich wie ein Brand, der, je mehr er manifestiert ist, um so mehr Fähigkeit hat, weitere Dinge zu ergreifen. Und zwar wächst das Vermögen nicht in einfacher Proportionalität nur: die *Hitze* auch steigert sich, es brennen endlich die Dinge, die vorher nicht brennen konnten, – der Brand geht ins Endlose.

– Das erste Tun möge sogar (relativ) blind sein. Nachher steigert sich das Licht in ihm; der Funke Licht, der im ersten Tun (welches ja nur relativ blind ist) sich fand, steigert sich durch es zum Licht, das ist Sehen; dieses Sehen zeugt ein größeres Tun . . .

Hat Faust, bzw. Goethe, jenen Monolog vielleicht doch nicht abgebrochen, sondern es ernst gemeint, als er den berühmten Übersetzungsversuch mit »Im Anfang war die Tat« enden ließ?

18

Es gehört eine ungewöhnliche Geistesstärke dazu, sich in die Lage eines andern zu versetzen, der an derselben Kategorie Not leidet, jedoch in einem geringeren Maße (was aber für *ihn* gleich viel sein kann), wie man selber. Weit leichter ist es, eines andern *andere* Art Not zu verstehen (wenn man überhaupt an andere Menschen zu denken fähig ist): Wenn unser Haus brennt, verstehen wir noch die Nöte derjenigen, deren Häuser in Überschwemmung ersaufen oder auch – nur feucht sind. Wer gar kein Geld hat, versteht die Nöte eines an Nervenschmerzen Leidenden: aber beinahe unmöglich wird ihm sein, jenes Mannes Not zu verstehen, der monatlich 100 Gulden einnimmt, wenn auch die Notlage so arg ist, daß er allmählich umkommt daran. Wer starke Zahnschmerzen hat, soll nicht von einem über gemäßigte Magenschmerzen Klagenden behelligt werden – er fragt nicht darnach, daß jener schon zur Verzweiflung gebracht worden ist durch sein lang dauerndes Leiden: Er versteht es nicht, er schlägt ihn noch tot! Vor einem seelisch Leidenden aber kann er noch Achtung haben.

19

Die Bedingungen hat er begriffen; aber das Resultat der Bedingungen begreift er nicht mehr.

Menschen können für einen ekelhaft werden, wenngleich man ihren Herweg begriffen, die Wirkung der Zusammenhänge anerkannt hat. Vor allem gibt es nicht, meinem Recht gegenüber, *Unrecht*, sondern: einen andern Geist.
Sie haben einen *andern* Geist[1]; sie sind nicht falsch.

20

Gedächtnis. Das Gedächtnis ist die höchste Fähigkeit; reines Gedächtnis gibt es allerdings nicht; aber dieses Pseudogedächtnis, das wir Gedächtnis nennen, das heißt die Fähigkeit, in uns schwach werdende Bezirke, Grenzbezirke unseres Wesens also, wieder stark zu machen, ist das Wichtigste, denn, entwickelt, ermöglicht es unserem Wesen, sich über gewaltige Bezirke

1 Wenn sie überhaupt einen Geist haben.

zu erstrecken. Hätten wir gar kein Gedächtnis (was nicht vorkommt bei Lebenden), so würde unser Leben und Wesen nur den Augenblick, und zwar den kleinsten, den mathematischen Augenblick, besitzen, das heißt kennen und betreffen. (Also wäre alles Denken, alle Beziehung zu andern, und so fort, vollständig ausgeschlossen.)

21

Jene, die »eine Welt« in sich tragen (schöpferische Menschen): Sie stehen nicht dem *Range* oder der Stufe nach höher, sondern es sind größere *Quantitäten.*

22

Es gibt zwei Beziehungen zum Ding (und drittens noch Indifferenz, aber das ist eben nichts; volle Indifferenz gleich Tod).
I Sein oder Verstehen (Identifizierung)
II Sehen.
Sie kommen nicht zusammen vor. Wichtig ist, daß II nicht bestehen kann, solange I besteht. Beispiel: »Ich sehe den Himmel«: nur dadurch, daß ich sein Wesen aufgebe: die Räume auf Räume, Planeten usw.: nur, wenn ich nicht identifiziert bin, nicht vom Verständnis erfüllt, kann ich den »Himmel« sehen (blau usw.), sonst trage ich mich mit Druck-, Feuchtigkeits- und andern Unterschieden der Atmosphäre, mit dem zie-

henden Mond, den Kräfteverhältnissen, Distanzen usw.
Einen Planeten kann ich nur sehen, sofern ich nicht vom Verständnis (Identifizierung) seiner durchdrungen bin.
Mich selber genau so.

23

Immer und immer wieder kommt mir in den Sinn, was ich einst (vor manchen Jahren) über den Mond hörte; viele Male wollte ich es aufschreiben und endlich muß ich es aufschreiben; und wenn es inzwischen nicht mehr wahr sein sollte, so ist es noch immer wahrer als wahr:
Wir kennen Mondlandschaften genauer als gewisse Gegenden unserer eigenen Erde.

24

Wie sehr ein körperliches Unbehagen auf die Dinge abfärbt:
Schon früher war ich mir bewußt, daß ein durchschnittlicher Mensch die Schönheit, ja die Herrlichkeit der Farben einer Dreckpfütze nicht zu sehen vermag, abgesehen von der Unbegabtheit seines Auges, nur eben schon darum, weil für ihn der Stoff »Dreck« ist, etwas, das seinem Körper Unannehmlichkeit bringen könnte.

Heute sehe ich, wohl zum erstenmal in dieser Stadt, auf der Straße schöne Bilder, Farben und Spiele, welche an Paris erinnern; und hier im Wald, bei scheußlichem Wetter (Nässe, widerlich kalter Wind, wie manchmal an nassen hellen Frühlingstagen, wenn es bald hageln könnte) die Straße durch die entblätterten Bäume hin, blau, glanzvoll, steil –! Eisig und groß wie Zinn und Stein der Himmel –: Und da fällt mir ein, daß sonst immer, auch wenn ich nur auf Bildern diese Art Landschaft sah, sie mir Unbehagen erweckt hatte, und warum? weil ich mich halbbewußt daran erinnerte, wie unangenehm dem Körper in solcher Landschaft, vielmehr bei solchem Wetter, die Luft sei! (Heute überwinde ich zufällig diese körperliche Empfindung.)
Und ich denke weiter, an so und so eine Laboratorium-Luft, eine ganz unaussprechlich infame, – während doch in diesem Laboratorium vielleicht soeben eine Entdeckung gemacht wird, die die ganze Menschheit verändert! – Wir müssen kalt, hart sein gegenüber unsern körperlichen Empfindungen an den exponierten Orten der Menschheit; an den Orten, die weit in die Menschheit hineinschauen, auf dem hohen Firngrat jenes nahe dem bewohnten Tal stehenden Gebirges zum Beispiel, bei scharfem, eisigem Wind, bei müdem, bebendem, widerlichst sich befindendem Körper –:
Der Glaube wärmt uns.

25

Gewaltig ist, was wir alles *nicht* sehen.
Eine Versammlung von Flaschen erblickt – sie waren wie immer –; Rauch zog durch sie, genauer, zwischen ihren Hälsen durch; ich betrachtete dieses Ziehen des dünnen Rauches mit großer Hinwendung, denn es schien mir außerordentlich, reich, wunderbar. Und plötzlich (immer »plötzlich«, das kann nicht zufällig sein) fand ich, daß diesen Rauch die meisten nicht gesehen hätten – daß ich selber ihn früher nicht gesehen hätte, oder dann, aufmerksam gemacht, nur gesagt hätte »ja, Rauch« und ihn nicht gesehen hätte –, und verstand, wie da alle Entscheidung in einem Punkte liegt, der ...; der Drehpunkt des Bewußtseins ...
Sicherlich gibt es immer ungezählte Dinge, die wir sehend nicht sehen.

26

Er sagte: – Ich bin der eigentliche Führer, der geistigste Führer, nämlich der Führer durch die Zwischenreiche.

27

Das Wenige, was die griechischen Götter (die ja fast wie Menschen sind) vor uns voraushaben, sind: Zauberkünste und Unsterblichkeit.

Aber wenn wir genauer schauen: Das erste haben wir auch. Wie mühsam es ihnen aber fällt, zu zaubern, ist dadurch vertuscht, daß sie zeitlos sind. Diese Zeitlosigkeit jedoch ist einfach hinzugedacht und zwar eben der genannten Wirkung wegen: des Bildhaften wegen, damit die Zauberkünste plastisch hervortreten. Wie mühsam in Wirklichkeit das Ringen um diese Zauberkünste ist, zum Beispiel um das Fliegen seit Dädalus durch die Jahrtausende, wie viele durch die Versuche vernichtet wurden und wie viele durch die Trägheit die in der Menschheit ist, umgebracht, ist weniger schön.

28

Die Weltgeschichte ist eine Vorstufe zur Geistesgeschichte[1].

29

Für die größte Geisteskraft sind auf einmal keine Reisen mehr nötig. (Kant, Proust, Sokrates.) (Und vielleicht für die Zweitgrößten sind die weitesten Reisen nötig.) Wehe aber trotz alledem denen, die die Reisen, solange sie nötig sind, hindern wollen!

1 Vgl. 52.

30

... aber das geistigste Vermögen ist Dies: Die Partei der Fernen ergreifen können.

31

Die geisterhafte Figur eines in den jetzigen Tag hineinfahrenden Wagens gesehn, schwarz lackiert, mit *einem* Pferdchen, so dünn –! Darauf saßen der Dicke und der Magere: der Dicke mit den Grübchen und der Magere, schon grau und bleich vor Schreck, der einmal (letzthin) vom Wagen gestürzt ist. (– obgleich er, wie der Dicke erklärte, im Trinken sonst standhaft war.)
Alles Vergängliche ...

32

Traum

Ein treuer und etwas kärglicher Mann aus meiner Kindheit wurde von mir gebeten um Übersetzung eines kleinen englischen Textes; er unternahm die Arbeit und sie gelang ihm.
Es handelt sich um »... Taube«. Aber während er übersetzte – langsam schrieb er auf die Wandtafel –, war die *Natur selber* da und erklärte. Es waren kleine Tiere im Zimmer, auch eine große Taube, die man

mich anhielt zu füttern. Ich versuchte dies – sie war so wunderbar sanft und klug! Sie kam auch in die Höhe, auf meine Hand, forderte mich auf, zu geben, unterschied jede meiner Bewegungen. Dann kam sie, als sie gefressen hatte, näher, zum Dank, und küßte mich: doch war sie aber dabei – was mir erst später zum Bewußtsein kam – wie ein Mädchen (das Gesicht nur und nur beim Kuß; der Körper war wirklich der große und geflügelte einer weißen Taube). Derweilen war der Text zu Ende gekommen in der Übersetzung und (erst mit Lesen beginnend) auf einmal begriff ich alles klar. Es wurde von diesen Tieren (auch ein Pferd war wohl unter ihnen) erzählt und erklärt bis zu der dringenden Frage: Muß es immer sein, daß dergleichen immer an Materielles gebunden ist? (Es handelte sich etwa um den Kuß der Taube, das wunderbar in Liebe erblühende kleine Erlebnis mit der Taube, meine jetzige Liebe zu ihr, das Wesen selbst.)
Es ist nichts Materielles, lautete die Antwort.[1]

33

(Vor dem Kind oder vor einem Mädchen, vor dem Ergreifendsten:)
»Ich weiß, daß sie nicht schön ist, aber ... – erzittere nicht vor des Worts Gewalt –: die Schönheit *ist nicht schön.*«

1 Vgl. V, 36.

34

Schauen ist tatsächlich alles, Wissen geht immer fehl (das heißt das Wissen, das dauern will; das *höchste* Wissen kann nur einen Moment bestehen, eben den Moment, da es entsteht, im Schauen enthalten ist).

Schauen ist auch noch darum alles, weil es durch die vielen Kulissen, durch die vielen wie Kulissen, oder wie Blätter, hintereinanderstehenden Manifestationen des Dings, hindurchgehen kann; wogegen das Wissen fälschlicherweise nur immer auf *einen* Plan – während es doch viele gibt – abstellen muß.

Wenn Freud wissenschaftlich gewisse Dinge in Zusammenhang brachte, ja eins als Ersatz des andern nachwies, so überraschte er damit niemals die schauenden Geister, welche endlos, durch Ewigkeiten hin immer ein Ding als Ersatz des andern erkennen. Ein Tannzapfen ist einmal ein Element in meinem Denken, einmal ein anderes Element, anderswo eingefügt; bedeutet da einen Moment lang die Weltkugel, da ein Pfefferkorn, da beim Geschlechtsverkehr ein Aufglänzen, da beim Anblick eines Gesichtes die Härte dieses Gesichtes, von der ich mich abwende. Und was ist er denn selber? Er muß in großer Eile vorübergehn, von Tausenden zeugend, von Tausenden her, zu Tausenden hin, Sinn, tausend fremde und andere Dinge vermittelnd (die weiterhin in *alles* hineinreichen) –: in Eile vorübergehn, er hat keinen Bestand; er ist nur ein momentlanges Auftauchen, er gleicht einer Welle, er ist nur ein Bild; oder er ist ein Spiegel, vielmehr ein Glas, durch das man hindurchschaut, eine Linse, die

die Blicke sammelt und ausstreut, in die Ewigkeit. Man muß nur schauen können.

35

Mir ist es durchaus klar, daß es keinen Gott gibt. Aber es gibt die Welt, das ist schon verwunderlich genug.

36

X, das ist nun ein Mensch, der glaubt an einen Fortschritt, wie es ihn freilich nie geben wird; und doch ist es gut so; zu fürchten ist nur ein allfälliger kommender Zusammenbruch, wenn er plötzlich *sehen* wird, zu jener Betrachtung kommt, mit welcher Malraux's großes Buch[1] endet: Wir, gefeit schon, wissen wieder mehr:
daß wir über das Wissen hinaus uns wieder müssen etwas anderem als Wissen (– dem, was in der Jugend sitzt) zuwenden: Das Höchste liegt nicht im Denken, genauer, *nicht im Denken allein.* Darum sagte Goethe auch: »Das Beste wird nicht durch Worte klar.«
»Das Beste«, lieber X, »wird nicht durch Worte klar.« Und hier eine Parodie des dort folgenden Satzes von Goethe[2], die in die Mitte wichtigster Zusammenhänge

1 »La Condition Humaine«.
2 »Der Geist, aus dem wir handeln, ist das Höchste.«

trifft: Zu wissen, daß ein Pessimist (ein wirklicher, und die sind selten) ein schlechter Mensch ist, das ist das Höchste.

37

Korrektur einer Korrektur (von »der glücklichen, goldenen Kindheit«):
Das Kind ist tatsächlich doch glücklicher – aber nur, wenn wir das »Glück« richtig verstehen, wenn wir schon vom *höheren*, dem möglichen Glück reden wollen –: denn es hat mehr Phantasie, es ist produktiver als die Erwachsenen. (Denn: »Es fehlt in unserer innersten Seele an farbigen Bildern: das ist unser Übel.«)

38

Auch Homer hat gewiß, in seinem Wesentlichen, nicht spielen und unterhalten wollen – als wozu bestimmt nur *wir* seine Gebilde auffassen, weil es uns an historischem Verständnis fehlt. Sondern er mußte einen Geist ausdrücken. Wohl haben sich dabei wunderliche Steigerungen der Farbigkeiten, der *scheinbaren* Spielelemente eingestellt: die Blume blüht und duftet auch, und entwickelt immer höhere Duft und Farbe, Symmetrie und andere Kunstelemente, und ist sie zum Spiel da? aus Spiel entstanden? Spiel?
Es ist alles *eine* Vitalität, es gibt keinen Luxus, kein

sinnloses Fabulieren. Was uns mit Recht als solches erscheint, ist im Nu seines Lebens entkleidet in der Weltgeschichte.

Alles ist geistiges Gesicht, alles ein Versuch, die Idee auszudrücken, das Bild einer vollen Welt, die durchdämmert: Rodins »Balzac« wie Balzacs Werke und wie diejenigen Heraklits; bei diesen sehen wir es eher. Aber ebenso und nicht anders das Werk Shakespeares und das Homers: Balzac sei uns eine Brücke[1] zum Verstehen, daß es auch da nicht anders sein *konnte.*

Wohl gibt es noch so eine halbe Kunst, die einen Moment lang fortlebt, von den Brosamen der andern. *Diese,* die einzige Kunst schafft die Sprache; schwaches Kunstgewerbe (»Gewerbe« in jedem Sinn) lebt noch eine Zeitlang hin mit geschwächten und verfälschten Ausdrücken.

Es stelle einer auf dem Markt ein Karussell auf! Es lebt nur durch jenen Funken Leben, den jene andern ihm zuwarfen und welchen es ohne Wissen mit sich trug, – jene andern: die einzigen, einigen geistigen Arbeiter: sei es Epiktet, Praxiteles oder Flaubert; Moses oder Montaigne oder – Pasteur. Es gibt nur einen einzigen geistigen Beruf: den ernsten.

1 »Les drames de la vie ne sont pas dans les circonstances, ils sont dans les sentiments, ils se jouent dans les coeurs, ou, si vous voulez, dans ce monde immense que nous devons nommer le MONDE SPIRITUEL.« Balzac, »Honorine«.
»Certes, l'idée sera toujours plus violente que le fait.« Balzac, »Massimilla Doni«.

39

Nie kann ich begreifen, wie die Leute zwischen Kunst und Philosophie so sicher unterscheiden können.

Über die Verwendbarkeit der Begriffe für rein äußere Unterscheidungen können wir uns nicht unklar sein (so würden wir Spinozas Ethik *eher* als Philosophie, Goethes Faust oder die Comédie Humaine eher als Kunst bezeichnen): aber wie weit kommen wir mit diesen äußeren Abgrenzungen? Wie unwichtig und gering werden sie im Hinblick auf das Gemeinsame in den *innern Räumen!*

Die einen wesentlichen Unterschied zwischen großen Denkern und großen Dichtern sehen, sind weder Dichter noch Denker.

40

Und die ganze Kunst ist keinem etwas anderes gewesen als Briefe.
Briefe, von denen nur der Absender bekannt ist, nicht der Empfänger. – Je wunderbarer man ihn sich denkt, je größer die Liebe ist, um so besser sind die Briefe.

»... Lieber Leser! Du sollst der größte Mensch werden: Du bist es noch nicht, aber du sollst es werden. In andern Worten: ich bemühe mich, so gut wie möglich zu schreiben.«

41

Aber wenn ich krank war, ging meine Literatur nicht wie ein Traum in die Fernheit; das ist der Prüfstein.

42

Wie soll es einem aufdämmern, etwa, was Spinozas »adäquate Idee« ist, solange die Meinung Geltung hat, die Philosophie sei für die Philosophen?
Die Theologie ist für die Theologen – was hätten sie sonst? – und die Philosophie ist für die Menschen.

43

Man unterscheide unter den großen Denkern zwei Gruppen: Solche, über die man sich eines (bisweiligen) Lächelns nicht erwehren kann, bei aller Achtung vor einer ungeheuren Leistung; und solche, über die man zu einem Lächeln niemals gelangen könnte – so wenig wie beim Anblick der Natur oder der Seligen –: Spinoza.

44

Viele, wohl die meisten Menschen betrachten den körperlichen Schmerz als einen Fremdkörper, ein Absolutes; wissen nicht, daß er überhaupt nur durch

Verhältnis mit einem selbst besteht, daß man regulieren kann, mitzureden hat.

45

Es wäre schön, wenn *schauen* und *erschauern* etymologisch zusammenhingen.

46

Die Menschen wollen nicht sehen. – nur blind über alles weggehn – während doch das Sehen das Gesetz des Lebens ist.

47

Lichtstärken. – In einer Wirtschaft wieder Meinungsverschiedenheiten und Diskussionen gehört: über Kerzen, Petrollampen, Elektrizität und gar erst jene neueste und beste Beleuchtung durch Neonröhren, dem Taglicht am ähnlichsten (weshalb auch einige Leute von dieser Beleuchtung behaupten, sie sei unerträglich, zerstöre den Gesichtssinn).
Heller als das Taglicht sind nur Augen.

48

Die Idioten sagen: Es gibt keine Wahrheit! Weil sie zu faul sind, sie zu erkämpfen.
Das Geheimnis ist: es gibt wohl eine Wahrheit (eine ewige und einzige – nur werden meistens die *Wege* zu ihr für sie genommen), nur muß sie täglich neu erkämpft werden, nur läßt sie sich nicht aufbewahren, nicht in Büchsen in der Apotheke verkaufen.

49

Der legitime Besitz und der illegitime Besitz:
Der legitime existiert eigentlich nicht, denn er ist nur ein höheres Produktionsvermögen. (Es gibt also, wenn man ganz genau sein will, überhaupt nur illegitimen Besitz.)
Es gibt keinen größeren menschlichen Besitz als – genauer: überhaupt keinen als – die Fähigkeit, an möglichst vielen Dingen *teilzunehmen.* (Von Besitz kann dabei keine Rede sein. Das Sinnliche – Geschlechtliche – sei uns ein Beispiel dafür.)

Beischlaf: »Besitzen«. *Hast* du es? Was hast du? Die Spannung trägt dich von einem zum andern, du hast nie eins.

50

Der Mensch kann das Leben nur herumlenken, nicht erzeugen.

Den Narren gewidmet, welche meinen, daß die Kinder darum mit den Eltern verbunden seien, weil diese ihnen »das Leben gaben«, als ob man das Leben geben könnte! Das Leben ist schon da, geht weiter, durch alle hindurch. Was du kannst, ist nur Sache des Bewußtseins, des Willens, der Formveränderung. Verbunden ist man den Kindern nur, wenn man sich ihnen *zuwendet,* ihnen hilft usw.

51

Daß *das Blut binde,* ist eine Wahnidee. Es ist nicht das Blut, das bindet, sondern der Geist. Freilich mag durch ähnliche Erfahrungen teilweise ein ähnlicher Geist erzeugt werden.

52

Nocheinmal: Die Weltgeschichte ist nur eine Vorstufe zur Kulturgeschichte und die Kulturgeschichte zur Geistesgeschichte. – das heißt zur Biographie des – einzigen – Menschen.
Dieser Mensch hat das Eigentümliche, daß er unsterblich ist, wie die griechischen Götter; besser würde man sagen, die griechischen Götter sind unsterblich wie er, in diesem Zuge nach seinem Bilde geschaffen (während sie ja fast alle übrigen Eigenschaften mit zufälligen Einzelmenschen gemein haben).[1]

1 Vgl. 27.

53

Eines von den Dingen, die man nie vergessen dürfte: Daß das Gleiche bei verschiedenen Gradationen seiner Quantität verschiedene Farben, verschiedene Eigenschaften hat. (10 cm tiefes Wasser ist weiß, 2 m desselben Wassers sind grün oder schwarz. Der Narr steht am Ufer und hält das Schwarze für Tinte; »denn Wasser«, sagt er, »ist weiß«.) Das »häßliche junge Entlein« ist eine großartige Illustration der Verwirrung, die eintritt, wenn man das vergessen hat.[1]

54

Wenn man *alles* erklären würde (könnte), wäre das Resultat gleich Null (das Alles = Null).[2]

Hinführend: Diese gute Erzählung von Joseph Roth (Le Triomphe de la Beauté) hat der Zorn geschrieben, jedenfalls ein gewisses Stück Zorn (Zorn heißt immer Beschränkung): aber die Erzählung ist doch gut, es sind Umstände, Vielfältigkeit des Objektes genug gegeben, daß dieses nicht dumm, nicht konstruiert wirkt. Nun könnte man ja wohl dieses elende Weib in seinen gesamten Bedingtheiten zeigen, in seinen Besserungsmöglichkeiten also auch; und die Bedingtheiten wieder in ihren Bedingtheiten (wozu freilich die Zeit schon fehlen würde, was aber nicht hindert, die Sache vorzustellen) und so fort; es würde endlich alles, was auf der Welt je existierte, hereinbezogen werden. (Da wäre kein Zorn mehr und überhaupt jede Beschränkung aufgehoben.) Dieses Werk wäre nichtssagend; jedes der so hergestellten Werke gliche dem andern: nur durch *Begrenzung* entsteht die Form (das heißt hier: das für uns Faßbare).

1 Vgl. 21.
2 Vgl. 22.

55

Viele fürchten sich vor der Psychologie, meinen, daß durch Aufzeigen der Zusammenhänge eine Leistung verhindert werde, oder, wo eine solche schon geschehen ist, deren Wert herabgesetzt.
Es sei ein sportlicher Rekord geschlagen worden. »Aus *Angst* hat er diesen Sprung getan.« Wohlan; vielleicht. Ich aber sage: »Miß jetzt den Sprung.«
War Achill aus Zorn der Stärkste? Aber doch eben der Stärkste.
Was kann es am »Zauberlehrling« ändern, daß allenfalls einer Zusammenhänge mit Gedanken an irgendwelche Funktionen der unteren Körperzone nachweist? Wenn das Gedicht gut ist, wird es dadurch weniger gut?
Wird eine Blume weniger schön dadurch, daß sie ein Geschlechtsteil ist? Wie kann sie dadurch weniger schön *werden*, da sie doch von jeher ein Geschlechtsteil war (was wirklich niemand leugnen kann)?

56

Je mehr die Wissenschaft entdeckt, um so deutlicher kann man den Unterschied der starken und der schwachen Geister sehen an diesem Detail: Die schwachen Geister werden um so mehr meinen, in kurzem am Ende zu sein (also: alles zu erkennen). Den starken Geistern geht immer mehr der Blick auf für die Unendlichkeit der Welt.

Wenn zwei in einem fensterlosen Zimmer eingeschlossen sind und immer waren und nie eine Nachricht von draußen hatten: der Dumme und der Gescheite, so mögen sie die gleiche Idee von der Ausdehnung der Welt haben; aber wenn sie zum erstenmal herausgeführt werden, werden sich ihre Vorstellungen gewaltig trennen: der Idiot wird meinen, bald am Ende zu sein, dem anderen gehen immer größere Vorstellungen von der Weite der Welt auf. – Und erst auf den Bergen!

57

Das Wichtigste über *die Phantasie* liegt in diesen zwei Sätzen:
1. Phantasie ist das Vermögen, sich ferne (andere) Verhältnisse *richtig* vorzustellen – nicht falsch, wie immer wieder gemeint wird (denn das könnte ja jeder).
2. Phantasie ist nicht, wie immer wieder gemeint wird, ein Luxus, sondern eines der allerwichtigsten Instrumente zur menschlichen »Erlösung«, zum Leben.

Entscheidendes darüber hat Edmond Jaloux gesehen, als er schrieb (die Hervorhebungen sind von mir):
»C'est un lieu commun que de parler de la solitude des hommes. Hebbel a même écrit dans son journal: ›Vivre signifie: être profondément solitaire‹. Il faut bien admettre que cette solitude est une illusion comme tant d'autres, car on ne serait vraiment solitaire que si l'on était vraiment différent de tous. La lecture nous prouve bien que rien n'est moins vrai. Nous devons cette illusion de solitude à notre égoisme, *à notre paresse d'esprit, à notre inintelligence* ou notre malveillance à l'égard d'autrui, (. . .).«[1]

1 Nouvelles Littéraires, 25. 5. 35.

58

Gnädig, wunderbar ist dieses: daß jedem am Ende das wird, genauer: geworden ist, als Ausdruck in der Kunst, was in seinem Wesen gelegen hat, was sein eigentliches Vermögen war. »Natürlich« ist es nicht, sondern erstaunlich: Denn unser Streben geht meistens nach etwas, das oben oder unten, außen oder innen von dem ist, was *uns* gehört (es ist nur an Hebbel zu denken; oder was hat Schiller gemeint zu sein oder zu erreichen!). Unsere Werke sind immer viel *tiefer*, als wir ahnen; – noch in einer andern Art tief, als sie es in dem üblichen Sinne sein können.

59

An den Wörtern ist das Schönste das, was sie (gewöhnlich) nicht vorstellen.

60

Es splittert –
und Geist kommt hervor.

61

Mein großes Ja und mein allgemeines, aber kleines Nein; denn das Allgemeine ist klein.

62

». . . und die Erde drehte sich anders herum«: Eben nicht! – Hier eröffnet sich der Einblick in das, was Gott *wäre,* und das, was die Welt *ist.*[1]

In der Angelegenheit Gott ist das das Merkwürdige, daß diejenigen, die seine Existenz ernst bejahen und diejenigen, die sie ernst verneinen, einander sehr gut verstehen.

63

Das Gescheiteste, was ich von einem Gott je gehört habe, ist: er geht in Menschengestalt verkleidet umher.

64

Er hat es so weit gebracht, die Mühsal auch bei Goethe zu sehen.
– und dann erst recht, meine ich, versteht man Goethe.

65

Gnade? Dieses allein ist mir ein wahres Bild der Gnade: Die Kinder. Das heißt, daß es *immer wieder* Kinder gibt; immer wieder Unverdorbene. – In ihnen

1 Vgl. 35.

wird die höhere Möglichkeit, die der Menschheit gegeben ist, immer neu.[1]

66

Die Welt ist noch jung. Solange die Kinder noch immer Kinder sind, bleibt die Welt jung. Wehe nur der Zeit, da die Kinder wie die Erwachsenen sein werden! (– wie die jetzigen Erwachsenen, diese Dürren, die nicht mehr zu Verändernden, an denen der Geist stirbt.)

Für den Geist ist die Welt immer jung. Geist besteht darin, immer den Morgen denken zu können – also den ewigen Morgen. Wenn es Mittag ist, denkt der Geist an den folgenden Morgen. Am Abend sagt der Geist nicht »Gute Nacht«, sondern er denkt an den Morgen. Wenn es Morgen ist, denkt er an den nächsten Morgen. (Ist das Gehetztsein? – Da sich dasselbe immer mit Präzision wiederholt, immer die Zuwendung zum Kommenden nämlich, bleibt die Linie konstant, ersteht in uns Konstanz, und zwar Konstanz des Höchsten, die Linie des Geistes nämlich.)

67

Alle Geistesarbeiter arbeiten immer auf Kredit.

1 Vgl. das außerordentlich schöne Stück »Geist des Werdens« im Band mit dem gleichen Titel, von *Konrad Bänninger*, welches ich erst einige Jahre später zu Gesicht bekam.

68

»Meine Freunde sind weit.«
Ja, sehr weit sind sie.

69

Die Welt ist wesentlicherweise ein ewiger Neubeginn. Eine der Hauptsachen, die man nie vergessen dürfte. Die *Kinder,* welche immer wieder geboren werden, mit höchsten Möglichkeiten, sind uns ein Bild und selber ein Teil davon.

Heute hörte ich im Hof einen entsetzlichen Volkslied-Gesang, man könnte wahnsinnig werden über diesem widerlichen Gekreische. Wer gibt ihn ab? Ein etwa fünfjähriges Kind ist es und zwar dasselbe, das – noch vor zwei Jahren oder weniger – in früher Morgenstunde so schön gesungen hat (hinter meiner Wand, wohl noch im Bett, wenn es eben erwacht war), ganz einfache Liedchen (vielleicht mit nur drei Tönen), mit einer feinen, ganz beseligten Stimme, *engel*gleichen Stimme. (Nun haben also die Erwachsenen ihren Einfluß durchgesetzt, ihr Gekreisch und ihre schauerlichen Melodien ihm eingepflanzt.) Man sieht also, das Größte haben alle. Worauf käme es an? Jenes zu behalten in die späteren Jahre, in die wirkungtuenden hinein; älter wieder geboren werden als Kinder.

Die schönsten Beine

Ich sah die schönsten Beine, die ich je gesehen habe, und zwar die schönsten, was die Farbe, den Teint betraf; als ich näher kam, sah ich, daß Strümpfe darum waren. Dieser Vorfall gibt einen Anlaß zu einer äußerst lichtvollen, einer großartigen Untersuchung, die zu einem unerhörten Aussichtspunkt führt. Ich hätte nicht näher kommen *müssen.* (Ein andermal kann es die schönste Beinform sein und beim Näherkommen sehe ich, es sind gar keine Beine. Ein andermal sehe ich das schönste Mädchen und wenn ich daraufhin erwache, war es ein Traum.) Für den Idioten ist die Untersuchung sofort beendet: »*Das* war Täuschung und die *Wirklichkeit* ...« Die Wirklichkeit! Goethe fand: »Am farbigen Abglanz haben wir das Leben.« – Für mich gibt es über die Entscheidung der Frage keinen Zweifel. Ich sah die schönste Farbe, ich sah die schönsten Beine, ich sah das schönste Mädchen. Es *gibt keine schöneren.* Darum konnte, was ich sah, nicht Täuschung gewesen sein.

– Man hüte sich vor falschen praktischen Anwendungen! Todsünde ist, jemand, der reisen muß, zu hindern am Reisen unter dem Vorwand der sogenannten allerhöchsten Erkenntnis! Sie läßt sich nicht *so* anwenden. Am weitesten ist freilich der, der nicht mehr zu reisen *braucht.* Wer es aber noch braucht, den hindern, ist Sünde.

In diesen Zusammenhang gehört die in wenigen Worten erzählte Geschichte des vollendetsten erotischen Verhältnisses, das je gewesen ist. »Dieses Mädchen«, sagte der Betreffende zu seinem Freund – und man sah ein sehr schönes Mädchen vorbeigehen, vor allem einen königlichen Gang hatte sie (eine königliche Gangart, aber nicht etwa Macht ausdrückende, sondern zauberhafte; ganz aufgerichtete, aber vollständig elastische, in keinem Teile starre Haltung; Bewegungen von höchster Präzision und schwebend war sie dennoch) – »mit diesem Mädchen – aber mach nicht, daß sie uns sieht, – hat lange Zeit mein vollendetstes Verhältnis bestanden. Das einzige Verhältnis, in dem ich *nur* Freuden, gar keinen Kummer hatte, nur beschenkt wurde, gar nichts verlor.« – »Aber jetzt«, sagte der andere, »hast du doch gebrochen mit ihr – da sie doch nicht aufmerksam auf uns werden darf.« Der erste lächelte. (Seine Augen gingen träumend zurück durch die Zeiten, er sah, wie er alle Tage hingegangen war, wo sie vorüberkam, sich zu freuen, zu erheben an ihrer königlichen Gangart, bald da, bald dort an ihrem Wege, welchen er kannte. Es bestand von diesem Verhältnis nur das, was nicht brechbar ist. Er hatte nur die Essenz davon genommen. – Er wußte, daß alles Übrige mit ihr geringer wäre.)
Er lächelte: »Nein, aber sie kennt mich nicht.«

Vor dem ungeheuerlichen Mißbrauch, den man mit diesen wahren Dingen treibt, muß gewarnt werden. Verflucht seien, die solches dem *Jüngling* empfehlen oder verordnen wollen! Der Jüngling muß beginnen mit materiellem Besitz. Im Anfang war die Tat. Das Genannte ist die höchste Stufe, man kann nicht mit der höchsten

Stufe beginnen. Will man das doch tun, so wird man nur Qual und Nichtigkeit damit erreichen; nur *Verminderung* des Wesens.
Wenn du auf dem Gipfel sitzest, siehst die andern im grausig finstern Tal sich winden, wirst du ihnen nicht sagen: »Das Höchste ist nicht das Steigen. – Es ist mühsam, Stufe um Stufe ist nur da, um zurückgelassen zu werden. Laßt das Steigen. Das Höchste ist der Glanz da oben.«

71

Man muß reisen und wenn es auch nur zu dem Zwecke wäre, sich zu überzeugen, daß anderswo auch *so wenig* ist.

72

Die Wunder

Ich hatte früher immer einmal wieder über die Wunder (wie sie zentral im Neuen Testament stehen) nachgedacht, eine Erklärung, eine Auslegung dieser dem Anschein nach den Naturkreis durchbrechenden Geschehnisse gesucht und bald die eine, bald die andere der üblichen Auslegungen vorübergehend angenommen, von denen aber keine wirklich *befriedigt*. Ich hatte eine Erklärung gesucht – aber *von außen*. Erst als ich das Geschehnis der Kunst entdeckte, war mir auf einmal auch da Klarheit geworden – entscheidende Einsicht.
Vorher hatte ich, genau gesehen, nicht *geglaubt* an die Wunder.
Die üblichen Auslegungen, welche alle den Geist nicht befriedigen, sind etwa: 1. Es sei gar nichts Besonderes geschehen (nichts den uns bekannten Naturkreis Durchbrechendes); der Chronist habe eben aus einer sehr großen Fülle von Ereignissen diejenigen ausgewählt, die durch ihre seltsame Form – in aller Natur kämen immer einmal seltsame Formen vor – den Anschein von »Wundern« erweckten.

2. Es liege einfacher Betrug vor. 3. Diese Wunder seien zwar nicht geschehen, die Erzählung habe aber doch eine Wahrheit, müsse nämlich *allegorisch* verstanden werden!

Sie sind Mittel parallel der Sprache. »Wenn ihr meinen Lehren nicht glaubt, sie nicht versteht, so glaubt doch den Wundern (laßt euch doch überzeugen durch die Wunder)«: dieser Satz soll der Ausgangspunkt sein; von ihm aus klären sich die Rätsel, verstehen wir das Wesen jener Wunder. Aber nur dem kann das geschehen, der es erlebt hat, wie die Verzweiflung, die Intuition, zusammengekettet in ungeheurer Not, dieses Zwingenwollen vor dem Versagen der Leute, zu allem befähigen, Formwunder tun (alle Kunst ist daraus entstanden) und schließlich in Momenten andere Wunder (sind sie denn etwas anderes – Höheres – als Kunst?).

Ein durch Intuition ermöglichtes Zusammenfügen der Dinge, so, wie sie sonst nicht zusammengefügt sind, so daß Leben herausbricht: Ist das eine Definition der Kunst oder des »Wunders«? Wer vermöchte zu antworten? – denn genau von beiden.

73

Ein größeres Wunder als ein richtig gewähltes Wort gibt es nicht.

74

Wunder. – ». . . ist Betrug.« Alle Kunst ist Betrug: *wenn man die Kraft nicht hätte,* den schmalsten Steg zu überschreiten , . . .
Für die die Kraft nicht haben, ist es Betrug. (Ohne außergewöhnliche Kraft überschreitet man den Steg nicht.)

75

Zum wievielten Male gesehen:
Um etwas zu finden, muß man es schon gefunden haben.
(Aber das darf man nicht falsch verstehen.)

76

. . . alles durch Beobachtung.
. . . wer schon eine Sache denkt, braucht fast keine Blicke mehr auf sie – nur die entscheidenden.

77

Reisen. – Warum soll (muß) man sich in fremden Ländern aufhalten? Was man sieht, ist nicht wesentlich anders, als was einem mitgeteilt werden kann; es wird sogar für die meisten nicht oder selten vorkommen, daß sie so bedeutende Einzelzüge sehen, wie sie die guten Reportagen[1], andere Bücher oder auch mündliche Mitteilungen bedeutender Individuen uns übermitteln. (Daß man »die Natur selber« sehe – alles Unsinn!) Nicht um, wie man meinte, *anders* zu erleben, als wenn man zu Hause mit den zu Gebote stehenden Mitteln sich instruiert; lediglich, weil die *Zahl* der tragenden Einzelzüge, die man wahrnimmt, weit größer ist.

78

Das weite Reisen ist, von wenigen Spezialgebieten geistiger Betätigung abgesehen, nicht für die geistige Erweiterung selbst nötig, sondern eine Sache des Temperamentes, des persönlichen Befindens (und dadurch vielleicht mit der geistigen Entwicklung zusammenhängend).

Der weiteste Geist, Spinoza, reiste nicht. Der größte Geist des Altertums blieb, wenn ich nicht irre, immer in Ephesus.

79

»Er lebt im Traum.« Das Schöpferische muß sich tatsächlich im Traum halten. Es kommt auf die Kraft an, mit der man den Traum bewahren kann.

1 Ich kenne freilich bisher nur einen einzigen guten Reporter: André Gide. Seine zwei Bücher über Afrika zähle ich unter seine größten Leistungen. – Vgl. II, 241, 242.

Was morgen Wirkung und Tat ist, muß immer heute Traum sein.

In einer Zeitschrift diese Worte Lenins:
». . . ein schlechter Kommunist[1], der nicht zu träumen vermag.«

80

Aus der Dissonanz zwischen diesen beiden Gesetzen:
1., daß man nicht *warten* darf, das heißt, daß jede Tätigkeit eine volle sein muß, nicht Vorbereitung sein darf, sondern den Augenblick erfüllen, in sich selber ruhen muß, und
2., daß jede gute, jede aus einer großen Idee entspringende Tätigkeit – und um so mehr, je größer die Idee ist – erst nur Verwirrung, Schaden anrichtet, schlechtere Zustände herbeiführt, die Gegenwart aufhebt, ersteht die Notwendigkeit der Phantasie.

81

Die Phantasie

Phantasie ist das gewaltigste geistige Vermögen. (Aber unter »Phantasie« ist das Richtige zu verstehen! – »Phantasie ist das Vermögen, sich Fernes, eine andere Lage, richtig vorzustellen, nicht, wie meistens angenommen wird, falsch und irgendwie – denn das könnte ja jeder.« – Eine Kritik des »richtig« später.)

1 Vermögen sie heute noch zu träumen?

Was ist im Kampfe des Geistes mit der Welt, diesem Titanenkampfe, dem eines Balzac (eines Lenin, der *auch* ein »Träumer« war Jahrzehnte lang!) Mittel zum Siege, wenn nicht die Phantasie? – Kraft, aber Kraft braucht es zu allem, was ist hier die *Form* der Kraft? Das Vermögen, sich die andere, die zukünftige Lage, in welcher der Geist siegen wird, die geistige Richtigkeit sichtbar sein wird, immerwährend, immer wieder, vorzustellen, so deutlich, so heftig, daß diese Vorstellung den jetzigen, luftleeren Raum überwindet[1], die Differenz des Druckes aufhebt; uns ein LAND gibt, weiterzudauern (in unserer Idee), weiterzubauen (denn aufhören *weiter* zu bauen wäre Aufgeben). Es ist aber ungemein schwer, im Unsichtbaren weiterzubauen, in der *Un*realisation; – zum Beispiel wie Rembrandt seinen Gläubigern gegenüber, welche höhnen, sagen zu können, seine zukünftigen Bildpreise werden die Schulden bezahlen, während jene rufen: Geld her! – sagen zu können nicht nur mit dem Mund, sondern mit dem Geist, und folglich weiter *malen* zu können. – Ein *Land*, weiterzubauen: denn wir müssen ein Land haben.

So war Kolumbus auf seiner Fahrt: er *sah* nichts. Die Phantasie nur führte ihn zu dem Erdteil: das vorgestellte Land zu dem irdischen Lande. Rechnung? Die Rechnung ist nur ein Anfang, sie ist die genügende Macht noch nicht. Oder sie ist nur ein Mittel, nicht der Ursprung und nicht die der Bewegung Dauer verleihende Kraft.

1 Vgl. 139.

Und weiter, zweitens (genau genommen weniger ein zweites als eine Unterabteilung des selben einen, eben immer der Hauptsache, der menschlichen Produktivität) ist die Bedeutung der Phantasie noch sehr groß für die Gestaltung der Beziehung mit den andern.

Wir sprechen von der gewaltigen Phantasie eines Balzac (eines Shakespeare), nicht aber von derjenigen einer George Sand; fiel denn dieser weniger ein? Soweit wir kontrollieren können, mehr, da sie wenn nicht mehr Bücher, so doch unvergleichlich viel leichter ihre Bücher geschrieben hat. Die einzelnen Teile der Vorstellungen sind immerfort dieselben; man lese starke Stellen Balzacs nach. Wie sah der Oberst Chabert aus?

L'ombre
cachait sie bien
le corps
à partir de la ligne brune
que décrivait
ce haillon . . .

Und so weiter. Welche dieser einzelnen Vorstellungen, die ich da zu isolieren begonnen habe und die zusammen schließlich ein gewaltiges Bild ergeben, konnte nicht auch bei George Sand vorkommen – wie sie bei jedermann vorkommt? Warum sprechen wir aber Balzac Phantasie zu, den meisten andern ab? Weil diese (jedermann geläufigen) Einzelvorstellungen richtig verbunden sind. (Anzuwenden auf das Größere, wenn diese Einzeluntersuchung nicht genügen sollte.) – George Sand hatte viel *Einfälle* (im Gegensatz zu Phantasie), viel Hirntrieb.

Wichtig also: Daß man aufs schärfste auseinanderhält *Phantasie* und *Einfälle*. Denn Reichtum an Einfällen, ebenso häufig wie Phantasie selten ist, ist eine Sache des Blutdrucks, oder der Nervengereiztheit – des Trieblebens –, kurz, eine sozusagen körperliche Sache; Phantasie die höchste der menschlichen Tätigkeiten.

Der Unterschied ist etwa der, wie zwischen dem Abgeben einzelner Töne, zum Beispiel Schreien, und dem Komponieren eines Gesangs.

Handelt es sich um die Wahl des Wortes? Nun, zu einem Wort müssen wir greifen, ich habe mich für »Phantasie« entschieden, weil mir dies das schönere Wort schien für den umfassenderen Gegenstand als etwa »Vorstellungsvermögen«, »Einbildungskraft« und ähnliche vielfältig zusammengesetzte Wörter. »Vorstellungsvermögen«: ich glaube, daß die einzelnen Vorstellungen sich im Hirn einer Katze mit großer Geschwindigkeit folgen können, besonders im Hirn einer konfusen Katze. »Einbildungsvermögen«: – und ebenso heftig, besonders in einer konfusen Katze. Und doch sprechen wir der Katze, besonders der konfusen, Phantasie ab: sie hat nicht die Fähigkeit, sich eine ferne Lage richtig vorzustellen.

Übrigens scheint auch Goethe das Wort so verwendet zu haben, wenigstens hier:

Wenn Phantasie sich sonst mit kühnem Flug
Und hoffnungsvoll zum Ewigen erweitert . . .

Was sich *erweitern* kann (von hier überhaupt in Betracht kommenden Dingen, also in erster Linie den *Einfällen*), das ist es eben, was ich unter Phantasie verstehe.

Könnte aber nicht auch eine unrichtige (kranke) Vorstellung des Fernen sich erweitern? Daß eine solche Vorstellung – die des Fieberkranken, des Irrsinnigen – ihr Volumen vermehren kann, ist evident. Es *häufen sich* die konfusen Einfälle. Aber sogar nach einem gewissen Bauplan. Das »erweitern« wäre doch genauer zu bestimmen. Doch lautete die Stelle: »*zum Ewigen* erweitern«: das kann nur die Phantasie. Grell genug steht es jener *Häufung von konfusen Einfällen* gegenüber. Denn zum Ewigen kommen jene nicht.

82

Alle großen menschlichen Fähigkeiten werden leicht mißbraucht; das ist kein Beweis, daß sie keine großen Fähigkeiten waren.

Wenn die Phantasie so arbeitet, daß sie die Tat *ersetzen* soll – die mögliche Tat lähmt –, ist sie mißbraucht.

Es gibt Fälle, wo man »Tat« der Phantasie gegenüberstellen kann; damit dann Phantasie Berechtigung habe, zu sein, muß sie: entweder hinführen zu dieser Tat; oder mehr sein als diese Tat (mehr *Tat!*). Dieses ist der Fall bei aller wahren Kunst. (Karl Kraus sagt: »Aber der Künstler geht aus der Flucht vor dem Leben siegreich hervor.«) Das erste ist der Fall überall, wo große Tat kommen wird (Lenin). Was in der Mitte liegt, ist Stümperei, ist Sache der Feigen, Faulen.

83

Ewige Aufgabe: es (ES) immer in neue Worte zu fassen. Denn die Worte werden nacheinander leer. (Man *hört* die Worte von Spinoza, wer *versteht* sie? Wie viele verstehen jene Verbindungen, das Ungeheure, das dort in den von jedem gebrauchten Wörtern lag?)

84

Sind die Menschen je so ohne Geist gewesen wie dieses Jahr, so verhetzt (wie die Vögel vor dem Sturm), so ohne Wissen, was links und rechts ist, so vom Realen abgewendet? Während sie, die Allgemeinen, behaupten, daß die Philosophen in schwärmerischen Zonen sich aufgehalten hätten, in irrealen, und das Reale im Dasein der allgemeinen Welt sei, verhält es sich eben umgekehrt: sie allein, jene Denker, besonders die griechischen (weniger die deutschen), aber auch Spinoza, Montaigne, Goethe, haben die Realität gekannt, haben *voll gelebt* (während die Allgemeinen kaum in winzigen Teilen leben), *mit* den Dingen, was man einfach nenne: gelebt (sehend, wissend, wollend), im Gegensatz zu jenen andern, die nur wie Staub vor dem Sturm über die Straße gejagt werden (von der »Geburt« zum »Tod«).

85

Soll es sich zum Guten wenden? (– die Dinge der Welt, doch wieder einmal?)
Aber ein wirkliches Fest kann doch nur in deiner Erkenntnis sein.

86

Ein Ende:
Und vor ihm ging das glänzende Gestirn des Verstehens auf.

(Nochmals: soll ein Ende sein. – soll ein Ende sein einer Ausführung. – »Einer Erzählung?« – Einer Ausführung!)

Variante:
Und vor ihm auf ging das glänzende Gestirn des Verstehens.

87

Was einen wohl fesseln kann – in einer immer andern Erscheinung entgegentreten –, ist das Verhältnis der Einzelaspekte eines Vorgangs zu dessen Gesamtaspekt.
Unzählige Aufzeichnungen zum Beispiel können zusammen eine Endwirkung erzeugen, sind dann unnötig geworden, fallen weg wie das Gerüst von dem Hause und verschwinden, werden auch in der Erinnerung ausgelöscht; sie, all diese Einzel-Bewußtseinsmomente, die Einzelschritte, die vernünftigen kleinen Dinge: und nur das Gesamtergebnis, der Gesamtguß, steht da – ja, ein *Guß*, als ob er durch ein Wunder, von außen her, durch eine unberechenbare, fremde, mysteriöse Kraft zustandegekommen wäre. Man betrügt sich selbst und redet »das hat Gott für mich getan« (oder etwas weniger dumm, das bleibt sich fast gleich). Was ist aber die schreckliche Folge davon? Daß man *wieder* auf Gott hoffen wird, *ihm* das Weitere anheimstellen, folglich nichts mehr tut, – sondern zu dem Dom aufblickt, »den Gipfel im Auge auf der Ebene wandelt«, faul wird, fault.

Diese kolossale Verschiedenheit der Bewußtseinsstufen ... sie dürfte uns zu keiner Täuschung Anlaß geben. Doch vergessen wird das Unsrige so oft binnen kurzem – vergessen die einzelnen Ausführungsstufen, sobald die Gerüste weggeräumt sind, und schon ist das fertige Haus aus dem Schädel Zeus' entsprungen. Wie

nun aber soll es gar erst andern gegenüber sein und fernen Zeiten gegenüber?
So sehen wir denn das Altertum und die Renaissance und andere Zeiten voller »Schöpferkraft«; und unsere Momente ganz ohne Schöpferkraft.
Es gibt und gab aber überhaupt nur Momente und niemals Schöpferkraft.
Es gibt nur die richtige Erledigung der Momente, und wenn wir in großem Maße – das heißt großer Folge, großer Zahl – die Momente richtig erledigen, wachsen wir zur Höhe aller Schöpfer und aller Schöpfungen hinan.

88

Wenn ich mich in mein frühestes Bewußtsein zurückerinnere – ich war damals vielleicht zwei Jahre alt? –, das heißt in das früheste, in das ich mich zurückversetzen kann, so finde ich, daß jenes Bewußtsein in nichts anders war als mein jetziges Bewußtsein. Bewußtsein von viel weniger Dingen war es, aber gleich in seiner Art.

89

Pascal – welche Begrenztheit bei solcher geistigen Energie! Ein Krüppel – oft auf dem Hochgebirge, aber nicht imstande, das Leben zu wollen. Lichtenberg war doch auch ein Krüppel – mein wunderbarer Lichtenberg! Über sich hinwegsehend – die Welt geht weiter –, sich selber sehend (nicht in seiner Furcht gefangen, was das Gegenteil ist vom sich selber Sehen). Und all die andern *bejahenden Geister,* von Heraklit bis Goethe, mögen sie so groß sein wie Spinoza und Montaigne oder so einfach selbst wie dieser kindliche Voltaire! (Seine Geistesform ist kindlich, ich sage es nicht von der Person.)

Jeder große Geist wirkt wie eine Fackel, ein Scheinwerfer (in der Nacht, denn das Allgemeine ist Nacht); einige nun sind Scheinwerfer, die den Orkus beleuchten; und die dienen der Menschheit auch. (Wie, wo ein Loch oder ein Trümmerhaufen sich findet auf dem Fahrweg, nachts eine Laterne steht; – die grausigen Gebirgsklüfte beleuchten, wo es unwegsam und unfruchtbar ist. Dort steht Pascal und ging nie weg.) . . . aber Voltaire, einer von denen, denen meine Liebe gehört, den die Veränderung Wollenden, das ist das Leben Liebenden.

90

Freund Gottes, Feind der Welt!

91

»Mehr Licht« – oder Geduld. – Man sagt, dieser Mann habe kein Licht gehabt in seinem Zimmer, nur eine

winzige Petrollampe – wie kann man da was sehen, wie soll man was tun?
Ich aber sage, daß dieser Mann Gläser geschliffen hat bei seiner kleinen Lampe (im dunklen Holland), Linsen, für Ferngläser und Mikroskope.

92

Vom Sehen. – Gewisse Stoffe, wenn man schief darüber schaut: von da aus sind sie weiß, von dort aus sind sie blau. Was sind sie denn? Und von oben haben sie wieder eine andere Farbe! Sie sind eine Mischung von verschiedenfarbenen Fäden.
Von der einen Seite sieht man nur *die* Art, von jener Seite nur jene Art Fäden aus dem Gewebe heraus. – Aus diesem einfachen Fall als dem Grundfall wäre ein Fall mit einer größeren Zahl der Verschiedenartigkeiten aufzubauen, die Geschichte ist komplizierter als ein gewebter Stoff. – Man sieht ein *Bild* aus dem Allgemeinen heraus.

Das Auge eines Hirten war so eingerichtet, daß er nur Schafe zu erkennen vermochte, unter allen Tieren. Wo etwa Kühe oder Esel sich befanden, da war für ihn eine weiße Stelle, wie Watte, und er sagte ruhig: »Nichts.« (Von jenem Nichts her trafen ihn manchmal Hornstöße oder Fußtritte, aber es machte ihn nicht klüger, er sagte, er leide an der Niere.)

Es ist mir klar, daß es noch viel mehr Dinge gibt, als

unsere Augen sehen, und nicht nur solche, die zu klein oder zu fern sind. Das Auge *könnte* sie sehen – wenn es von seinem Diktator, dem Gehirn, nicht abkommandiert wäre (oder nicht ankommandiert zum Nichtsehen). Und nach und nach vergißt das Auge sie selber, schaut immer über jene Dinge hinweg, als ob nichts dort wäre. Die Katzen erkennen ihr Bild im Spiegel, aber ihr gemaltes Bild nicht. Ein Gemälde ist für sie nur eine Wand – das Bild, als ob nichts dort wäre. (Ob es nicht vielleicht doch bisweilen sie anschaut, in ihren Träumen, dünne Momente lang, wenn es schläft, das Gehirn, der Gebieter? Das gibt dann Schrecken als Wirkung, wenn sie wieder »wacher« werden, unerklärliche Zuckungen – das Bild, wenn es wieder zurückgezogen wird, verursacht die Zuckung, nehme ich an; wie der abgehende Schuß den Rückschlag des Gewehres, ungefähr; oder wie ein Strang, der reißt.)

93

Katherine Mansfield schrie immer I want to be *real* – die doch realer als fast alle andern war.

94

Man kann das Leiden nicht wegbringen (im Ganzen), aber man darf nicht am Leiden leiden.

95

Das Tragische

Der Grund – das Wesen – des Tragischen ist die Ungleichzeitigkeit der Erscheinungen.
Der Mensch – und um so mehr in dem Maße, wie er größer ist – möchte die Vereinigung, das heißt er möchte alles, das Alles. Er ist aber nur ein Stück weit da. (Eine kurze Zeitspanne lang, für einen kurzen Bereich.) Schaut aber durch diese Wirkungszone hindurch in das Alles. Der Moment, da er sich losreißen muß, ist das Tragische.
Wenn ein Mensch die Kunst besäße, unaufhörlich am Neuen (am Gegenwärtigen) teilzunehmen, bis zur allerletzten Sekunde (bis er, ohne es zu merken, erloschen ist), würde er (auch bei der größten Stärke) dem Tragischen entgehen. (Ein Franz von Assisi war vielleicht da; ein Goethe war nicht weit davon.)

Das Komische. Was uns lachen macht, das heißt, warum etwas uns lachen macht, das kann ich nicht sagen.
Das Gute am Komischen ist, daß es uns lachen macht: das Lachen säubert den Zustand für den Ernst.
(Das Seriöse, das Pathetische macht so oft jeden Ernst unmöglich.)

Anders geredet: Weil die Persönlichkeit *begrenzt* ist, besteht das Tragische.
Balzac mit der ungeheuren Kraft, in den unendlichen

Raum zu streben (nicht der Bändezahl seines Werkes wegen!), hat, eben weil seine Kraft so groß war, den Körper ruiniert; tat jenes auf Kosten des andern, des Körpers. – Wenn er nicht so begrenzt gewesen wäre, wenn er nicht nur ein Stück weit dagewesen wäre, wenn er unaufhörlich am Neuen, am Gegenwärtigen teilzunehmen vermocht hätte, würde er auch an seinem Körper (wie an allem) und an jedem Zustand seines Körpers voll teilgenommen haben und somit hätte es kein Losreißen gegeben und somit kein Tragisches.

96

Es darf nichts, was du tust, Vorbereitung sein.

97

»I have a feeling often and often that it's dangerous to wait for things –«[1]
Aber die Phantasie verhilft zu allem – – zuletzt sogar dazu, das, was man *hat*, sich vorzustellen (denn das ist am schwersten sich vorzustellen).

1 Katherine Mansfield.

98

Die geistige Höhe kann nicht mehr unterscheiden zwischen mein und dein.
Das eben ist die geistige Höhe, daß man nicht mehr unterscheiden kann zwischen mein und dein – daß man sich nicht mehr Mühe geben muß, nicht zu unterscheiden, wie die Frommen, sondern nicht mehr kann.
Man identifiziert sein eigenes Geschehen mit dem Weltgeschehen, das Weltgeschehen mit seinem eigenen.
Es gibt nur *Entfernungsgrade;* also auch hier nur quantitative Unterschiede.

99

Nicht nur die neue Kunst hat die alte nötig, mein Kind:
Die alten Bilder leben nicht mehr, wenn sie nicht durch die neuen aufgefrischt werden.

100

Er kannte so viele Sprachen, er kannte sogar die Sprache der Tiere. Er kannte die Sprachen mit Vertrauen jegliche. – Aber nicht philologisch meinte er das.
Die Fähigkeit der Verbindungen in ihm, die Phantasie . . .

101

Er hat einen Sturm in einem Wasserglase beobachtet und dabei noch Verschiedens mehr entdeckt als nur Eigenschaften eines Sturmes.

Der wirkliche Forschungswille ist nicht an Objekte gebunden: irgendwelche hat er immer. Im Gegensatze aber kannst du die Trägen über jeden Ozean führen . . .

102

Man hat oft von denen gehört, die sich im Schmerz isolieren; aber sich isolieren können in der Freude, ist das gar nichts?

(Sich isolieren können – heute in der Welt – da alles freudlos ist – um die Freude zu halten eine volle Nacht, – –)
Ein Akkumulator – und glaubst du, daß ein Mensch, der den Schmerz austeilen kann nach allen Seiten, zu seiner Zeit, so ganz und gar herrlich und allein herrlich ist?

103

Man kann die Wahrheiten wie die Gesichte nicht aufbewahren. Was sind Worte? Nicht viel mehr als ein Gesicht.

Von der Freude

Wie *ungeheuer langweilig* doch alle Leute, die ich hier kenne, sind! Seit des einzigen Dichters[1] Abreise alle. Weder Schmerz noch Freude gereicht ihnen zu Belebung. Womit verbringen sie ihre Zeit – die wenige, die ihnen, wie allen Menschen, gegeben ist? (Mit dem Vortod, Tod schon vor dem Sterben. Dann sterben sie – und sind auch noch nicht geboren.)
Dann begründen sie es mit Sorgen. Ja warum werden ihnen die Sorgen nicht eine Stufe zur Höhe? Es heißt des Berges Höhe mit einem Steine, die Elektrizität mit einem Blatte begründen. Hatten denn die andern keine Sorgen, die wenigen, die ein Leben lebten?

»Da steht ein Stein!« – Ja, wenn du aber ein Haus gebaut hättest, wäre er zum Grundstein des Hauses geworden.

Eines habe ich bestimmt gelernt in meinem Leben, das habe ich nicht gewußt, als ich zur Welt kam: daß die Menschen so ungeheuer langweilig sind.

Ich könnte mir einen vorstellen, der aus der Welt entweicht, lediglich weil die Menschen so blöd sind.

Die Frage ist eben ganz und gar nicht: »Gibt es die Freude? – Gibt es die Freude nicht?« Das ist eine nicht weniger falsche Fragestellung als die: »Gibt es einen Fortschritt?« Goethe hat es gewußt, daß es reine Sinnlosigkeit ist, so zu fragen.
Genau so sinnlos wie dies: Existiert die und die deiner Bewegungen – Gesten, Leistungen –, die du entweder tust oder nicht tust? – »Gibt es den Anblick meines Gesichtes in einem Spiegel?« Wer vermöchte da zu antworten.

1 Eduard Zak.

105

Man kann die Produktionen – auch wenn es die herrlichsten Worte wären – nicht essen (aufnehmen, behalten), man kann nur wieder produzieren. (Habe ich nicht gesagt, daß Lesen gleich Schreiben ist, nur eine verminderte Quantität?) – Ganz wie im Geschlechtlichen.
Die Evokation der Dinge ist das Ewige.

106

Es gibt einen Ort im Dasein, wo man »schneller sein muß als das Leben«.[1]

Im Zusammenhang mit den Worten Geislers auf den letzten Seiten von »Segen der Erde«: ». . . sie wollen rascher gehen als das Leben« – Worten, die ich hier absichtlich ein wenig mißverstehe, genauer, ich hebe nur die eine Seite hervor, lasse die andere, welche durch die dortige Umgebung Berechtigung bekommt, aus dem Blick.

– wo man aus einer mathematischen Operation in eine mathematische Operation höheren Grades überspringen muß. Katherine Mansfield hat das geahnt; hat über die Begründungen, die Wege sich ausgesprochen in einem Briefe vom 11. Oktober 1922, der durch die folgende Stelle wohl einer der schönsten und wichtigsten Briefe ist, die je geschrieben wurden[2]:

A new way of being is not an easy thing to *live*. Thinking about it, preparing to meet the difficulties and so on, is one thing, meeting

1 Vgl. II, 312 und 109.
2 Vgl. »Die Elfen«, Nuancen und Details II, 8.

those difficulties another. I have to die to so much; I have to make such *big* changes. I feel the only thing to do is to get the dying over – to court it, almost. (Fearfully hard, that.) And then all hands to the business of being born again. What do I mean exactly? Let me give you an instance.

Und jetzt kommen die Zeilen von der höchsten Bedeutung:

... Looking back, my boat is almost swamped sometimes by seas of sentiment. ›Ah, what I have missed! How sweet it was, how dear, how warm, how simple, how precious!‹ And I think of the garden at the Isola Bella and the furry bees and the house-wall so warm. But then I remember what wie really felt there – the blanks, the silences, the anguish of continual misunderstanding. Were we positive, eager, real, alive? No, we were not. We were a nothingness shot with gleams of what might be. But no more. Well, I have to face everything as far as I can and see where I stand – what *remains.*

– »Von einer mathematischen Operation in eine mathematische Operation höheren Grades überspringen«: Ich meine also ganz und gar, daß die Erlösung nur durch die Erkenntnis kommt. (Das mit dem Glauben usw. ist veraltet.)

107

Lichtenberg hat recht: Schwierigkeit ist wirklich ein *den Dingen* fremder Begriff.

»Das Wort Schwierigkeit muß gar nicht für einen Menschen von Geist als existent gedacht werden. Weg damit!« – ein Mensch von Geist ist ja eben bei *den Dingen.*

108

Er will sich das Los erleichtern und läßt etwas fallen und alles wird immer schwerer.
Er will sich das Los nicht erleichtern, die Last, die auf ihn fällt, nimmt er an, er nimmt immer mehr die Dinge an, und alles wird immer leichter.

109

Darüber denkend, was die Macht – die entscheidende Macht – der *Rede* ist: Das Rühren an Realitäten, das Aufrühren der Realitäten, die im Zuhörer sind, die für den Zuhörer bestehen. Wie ist es möglich? Durch die Phantasie.
Noch und nocheinmal: Die Phantasie ist kein Schaffen. Die Phantasie ist ein Erwärmen dessen, was schon da ist. *Es gibt kein Schaffen.*

110

Aber:
Wenn du nicht zaubern kannst – –, nein, dann bist du wirklich nichts, dann ist nichts zu hoffen.

111

Wer nicht zaubern kann, der ist verloren.

Variante:
Wer jetzt nicht zaubern kann, der ist verloren.
(Gegenteil vom Warten auf Wunder: wer also das tut, der ist verloren.)

112

Die Freude ist viel weniger ein Naturgeschehen als eine menschliche Schöpfung: die schwerste und größte.

113

Zauberei

(Ein scharfer und wirtschaftlich gerichteter Denker redete von »Illusionen«.)
Von Illusionen im allgemeinen, gewöhnlichen Illusionen kann ich wohl immer nur abraten, obwohl sie verwandt sind dem, was ich als das am meisten, bald noch allein Reale erkenne, dem positiven Traum, der aber doch wieder etwas ganz anderes ist: Zauberei.
Nicht auf Wunder warten: Wer auf Wunder wartet, ist verloren. Wer nicht zaubern kann, der ist verloren.

»Gibt es die Freude?« fragte einer.[1] Ich kann nur darauf hinweisen, daß die Fragestellung falsch ist, sinnlos. Die Freude, bei erwachsenen (zurechnungsfä-

1 Jean Giono.

higen) Menschen, ist kein Naturgeschehen (wie der Regen zum Beispiel, wie deine Haarfarbe), oder doch viel weniger ein Naturgeschehen als eine menschliche Leistung: die schwerste und größte.

Du kannst nicht hingehen und sie suchen. Der Fehler der meisten Menschen besteht darin, immer hingehen und sie suchen zu wollen. Doch, du kannst hingehen und sie suchen; aber nicht sie finden. Um sie zu finden, mußt du sie produzieren.

114

Ich möchte einmal das hören, worin alle großen Dichter und alle großen Denker miteinander einig sind. Denn das muß das Reale sein.
Versuche es zu sagen, und du gehörst auch zu ihnen – wenn dir das *Versuchen* nur gelingt. Denn wenn einem es je gelungen wäre, es klar zu sagen, also das *Ganze* des Realen hinzustellen (statt es nur zu berühren), dann brauchten wir die andern nicht mehr.

115

Wirkliche Realisierungen finden nur in der Idee statt. In dem, was sie »Leben« nennen, finden Realisierungen entweder nicht statt oder dann sind sie so skabrös – – so sehr vermischt mit anderem, daß ... (vielleicht: daß man sie nur in der Idee sehen kann).

Dieses Rätsel vollzieht sich: Aus dem Irrealen tritt für den Menschen das am meisten Reale – das, was ihm das Leben ermöglicht –;

oder, schärfer gesagt: Aus dem Unwirklichen tritt für ihn das REALE. – Illusion, Illusionierung: Auch all das, was ich im I. Teil dieses Werkes vom Arbeiten dargelegt habe, ist in der Hauptsache eine Illusionierung (weil die Mehrzahl der Menschen nicht bewußt und nicht teilnehmend, nicht lenkend, sondern nur getrieben, ausgeliefert im Strome sind): eine Illusion aber, die das Leben gibt, die im menschlichen Bereiche Entscheidendes ermöglicht. Das Arbeiten in seinem höchsten Grade wird *Phantasie:* das heißt, ermöglicht uns, das Bild zu bauen. Und »wir leben«, bemerkt Konrad Bänninger, *»so lange wir dem Bild vertrauen.«* – So und in keinem andern Sinne sind diese Hauptsätze meines Werkes zu verstehen: »Der Mensch hat die Pflicht, reich zu sein.« – »Wer jetzt nicht zaubern kann, der ist verloren.« – der warnende Satz, daß, obgleich alle Veränderungen umsonst sind, meine Liebe nur denen gehören kann, die doch die Veränderungen wollen: um das Unveränderliche zu erhalten. – die zentrale Feststellung, die ich in einer nochmaligen Variante geben will:

Die höchste Erkenntnis, die Schau, ist zwar niemals pessimistisch oder optimistisch, aber sie bejaht die Tat; weil diese ihre Dienerin ist, immer wieder die Schau zu verleihen, die Schau zu halten (sozusagen; genauer: nur die Disposition zu halten; noch genauer: die Disposition wieder zu verleihen).

– und endlich der Satz, der mir die einzige Gewähr für die Überwindung des Todes zu geben scheint: »Arbeiten ist nichts anderes als aus dem Sterblichen übersetzen in das, was weitergeht.«

116

Kunst

Muß nicht alles, was heute fleucht und kreucht in Kunst, mit Cézanne Verwandtschaft spüren? Nicht von Ausmaßen soll geredet werden, nichts von näherem Persönlichen; aber von typischem Fall, Sichtbarmachung.

– von der Methode. – Die kolossale Achtung vor der

Materie – und das ist in der Malerei nicht das Modell, sondern der Pinselstrich, das letzte Einzelne der Farbe –, die absolute Abneigung, sich zu retten durch irgendeinen *Außen*schwung – vielleicht Schwung überhaupt –; die Methode, Methodik; Kritik der Methodik; das unaufhörliche *Aufzeigen* der Methode.
... das langsame Arbeiten, der Widerwille, durch Schwung ersetzen zu wollen.
Der Stoff, ich meine die Dinge der Außenwelt, wie der Apfel, im Gegensatz zur eben genannten *realen* Materie der Kunst (dem Pinselstrich, dem Wort), – der Stoff, sagen sie, sei ihm alles gewesen, und das ist genau wahr, wenn man's ins Gegenteil verkehrt: wenn je einem, war der Stoff ihm nichts.
Der Stoff ist zwar jedem Künstler nichts, auch Balzac und vor allem Balzac; man kann vielleicht sagen, daß in dem Maße, wie der Künstler größer ist, ... es soll hier nicht weiter darauf eingegangen werden, sondern nur dieses vermerkt: Es gibt, was die Bedeutung des Stoffes betrifft, doch Unterschiede: man braucht nur an Böcklin zu denken (das Meer, Drachenschlucht): Er malte mit einem ungemeinen Schwung von *außen*, von den Dingen her, jedenfalls Schwung durch die Dinge hindurch, und noch genauer: durch das Epische, die nennbaren Ausmaße, Ereignisse von Dingen. Van Gogh stand ungefähr in der Mitte, doch noch ergriffen von (nennbaren) Gesichten. Cézanne war auch ergriffen von Gesichten, aber nur *malbaren*. – Die meisten Maler waren solche Mitte: halb Methodik, halb Belebung durch Stoff. Die vom Stoffe her allein Beschwingten sind in der Regel die schlechten

Maler (wohl überhaupt nur schlechte Maler): Cézanne ist die reine Malerei. – Nicht zu verwechseln mit *Manieriertheit.* Hier, bei Cézanne, ist lebendige Problematik, Problematik der Methode; dort, bei den Vielen von allerlei Manieriertheit ungleicher Bedeutung, ist auch eine Problematik, aber nur die eines Weges zu einer bestimmten, einer *vorausfixierten* Haltung hin, einer Geste.

Das schrecklichste aller Gespenster aber ist das Gespenst der Gestaltung, das dem Künstler erscheint. – Schreite darauf zu und du siehst, daß nichts da ist. (Du kannst dich wieder kümmern um das Reale, deinen Weg.)

117

Vom Verhältnis zwischen Schaffen und Kritik haben die unschöpferischen Geister keine Ahnung.

Und nicht nur diese, sondern auch viele Jünglinge, die selber keineswegs ohne Potenz sind. – »Schaffen«, »Kritik« ist eine unzulängliche Ausdrucksweise, ist die gewöhnliche, falsche Ausdrucksweise, hier der Kürze wegen – und der Verständlichkeit wegen – gebraucht.

Einer zählt in einer Zeitung auf: »Gobineau – *Stendhal* (ich unterstreiche) – Sainte-Beuve« und fährt fort »also *mehr kritische als schaffende* Geister«!
Weiter ist das in Erinnerung zu rufen, was die Leute über die Briefe van Goghs sagen oder denken.
Jene Jünglinge sehen die zwei Dinge einander gegenüberstehn als »Tun« gegenüber »Worten« . . .; als »Wirklichkeit« gegenüber »Theorie«:

Schöpferisches und Kritik sind überhaupt keine Gegensätze! So wenig wie »Potenz« und »Mann«, wie

»Schärfe« und »Gegenstand«: ein Mann kann potent oder impotent, ein Gegenstand geschärft oder ungeschärft sein.
– so wenig wie (durch das Wort) Werte Fördern und Schreiben. Sondern die einzigen Gegensätze, um die es sich hier handeln kann, sind: *Schöpferisches* und *Konventionelles.*

Zur Verdeutlichung – Überflüssiges für einen wirklichen Leser –: Die Kritik kann doch gleicherweise schöpferisch wie unschöpferisch sein! Und wenn die meiste Kritik konventionell, also unschöpferisch, ist, was ändert das? Sind es die meisten Romane etwa weniger?

118

Eine geistige Produktion hat dann ihre Höhe erreicht, wenn sie sich selbst zu verproviantieren beginnt (ohne anämisch zu werden!).

119

Reisen und Landschaften. – Spinoza und Montaigne gegenüber Hochgebirge und südlichem Meer. – Der Unterschied ist nur der: ins Gebirge, ans Südmeer muß man *nicht mehr hingehen,* da sie ja, wo sie bedeutend werden, unsere Produktion sind: wir können ja dort auch nichts Höheres als es (das Gebirge, das Meer) schaffen. Durch Spinoza, Montaigne werden wir aus der Tiefe gehoben mit wunderbaren Armen.

Valéry weiß es: »Was man bei der Lektüre der wirklichen Schriftsteller lernt, das sind Freiheiten.« – Und über die Natur habe ich irgendwo bei Brecht etwas sehr Gutes gelesen: daß man sich in acht nehmen muß, daß man eine Art Fieber von ihr bekommt . . . daß sie unproduktiv ist.

120

Aller Übel Abgrund ist das fehlende Erkennen.

Wie auch die Übel seien: *kein* Übel kann über eine Grenze hinaus schrecklich sein außer einem: dem Fehlen des Erkennens der Übel. – Wenn das Erkennen da ist, sind die Übel auch die Übel – aber sie haben keinen wahren Abgrund.

121

Vorbereitung
und über das Tragische

Briefe von scheußlicher Lästigkeit, die zu schreiben wären; andere, ähnliche Unternehmungen, die das Leben (das äußere Dasein) ermöglichend sind und welche ich nicht aufzuzählen brauche: alle diese Erledigungen der weltlichen Natur schiebe ich immer weg, wenn ich etwas am Werk tun kann (an dem man fast immer etwas tun kann). Ich stelle mir Herrn Meyer vor, der kommt mit seinen Vorwürfen.

»Sollst du nicht *erst* diese Erledigungen . . . um nachher *besser* dich der Kunst zuwenden zu können . . . sie spuken doch immer in deinen Traum hinein?«
(in meinen Traum! Was weiß Herr Meyer von meinem Traum? Ich habe verschiedene Arten Träume, die einen kann Herr Meyer sich vorstellen.)

Warum kann man nicht dieses Lästige zuerst erledigen, um nachher »ungestört« sich der Kunst zuzuwenden? Weil diesem Lästigen wie der Hydra Kopf um Kopf nachwachsen.
Wer die Welt nicht souverän *ausschalten kann*, ist nicht befähigt zur Kunst.
(Wer nicht die Kraft, die *Macht* hat, die Dinge wegzuschieben – zu ignorieren –, bis ihn etwa ein einzelnes unter ihnen geradezu mit physischen Klammern packt; ich betone das »physisch« –, der, ach, er kommt nicht zur Kunst.)
Sie will wirklich die erste, die alleinige höchste Gebieterin sein (nur die physiologische Grenze ausgenommen; diese ist ja aber eben keine Gebieterin, sondern eine Grenze; man denke an den Tod, um sich's deutlich zu machen). Sie geht unter keinen andern Bedingungen eine Verbindung mit dir ein. Sondern wo sie wirken kann, mußt du ihr Raum gewähren, zu wirken: im ersten Moment, in jedem Moment. Das Bild des Sokrates, der auf dem Wege zum Gastmahl eine Stunde auf einem Flecke stehen bleibt, ist das Bild für alle Künstler. Und genau das ist das Gleichnis von den zehn Jungfrauen: der Bräutigam ist die große Arbeit des Menschen, die wahre Arbeit. Der Archimedes, der nackt auf die Straße stürzte und schrie, hat von jeher die Mitglieder der Akademie und von jeher keinen geistigen Arbeiter verwundert.
– Raum im ersten Moment, in jedem Moment:
Kunst ist wesentlicherweise das, was keine Vorbereitungen erlaubt.

Es ist allbekannt, wohin die Mahnung des Herrn Meyer, folgerichtig ins Große entwickelt, führt (aber an welcher Stelle soll man ihre Entwicklung abbrechen?): Ein Mann soll sich erst (bis zum vierzigsten Jahr vielleicht) den Angelegenheiten seines Vermögens widmen, und dann, wenn er »festen Stand auf der Erde« hat, reich genug ist: *dann* ist der Augenblick gekommen, wo er (der Welt zur Freude, ihm zur Lust) . . .
(Die alten Knochen müssen noch springen lernen, ja Weltrekorde schlagen. Jede Kunst ist ein Weltrekord.)
. . . dann ist er im Stadium, Kunst auszuüben, ohne in die Gefahren zu fallen eines van Gogh, eines Mozart, eines Hölderlin. Dann gibt es Herrn Meyers eigene Kunst, Eigenkunst, Meyersche.

Ich sage: physiologische Grenze. Ich betone: körperlich. Jene sagen: »Aber eben das führt zu . . .« Hier ist der Unterschied: Es *führt* zu – aber dazwischen ist mein Raum. Zugrundegehen können wir noch früh genug. Sie sagen ». . . auf einem Wahn . . .« Aber auf einem Wahn wurden Weltreiche gegründet und die Weltreiche waren wirklich.

Es gibt in den Tagebüchern Hebbels mehrere sehr schöne Stellen, die dahin gehören: Was wohl jene Leute, die immer von *Versöhnung* im Tragischen redeten, sich darunter vorstellten?
Was aber ist überhaupt das Leben? Etwas Versichertes?
Lebst du denn, Herr Meyer, ewig?

Ich glaube beinahe, ja. Vor tausend Jahren sahest du schon aus wie jetzt.

Aber wir sind sterblich. Und es soll nicht anders sein.

122

Hölderlin. Er ging durch einen Wald. Der Wald dämmerte um ihn ein. Das war kein schlechtes Geschehen. Bald kannst du sie von Unglück krächzen hören. Und doch war dieses Waldes Geschehen noch besser als ihr Wachsein.

123

Landschaften. – Ich beginne mich zu fragen, ob das Gebirge wirklich dem Geist so förderlich ist. Es gibt Impulse – aber dieses Steigernde, Abschnürende ... *Das beste Klima ist nicht das treibende, sondern das neutralisierende.* Das leere, aber auch nicht Opposition bildende; dieses läßt dem Geist seine Reinheit, treibt ihn nicht zu Verhärtungen und Übersteigerungen, die Idee muß alles tun, bleibt bei sich –, so daß sie nicht, wenn man nachher die Natur von ihr abzieht, gebrechlich ist, sondern real.
Es wäre, wenn die Landschaft (die Qualität, das Positive der Landschaft) für den Geist so günstig wäre, verwunderlich, daß so viele der größten Geister in schlechter Landschaft sich aufgehalten haben. Gibt es

eine leerere Landschaft als die holländische? Spinoza war immer hier. Die Landschaft um Paris herum ist nicht viel besser und in Paris haben mehr große Intelligenzen gelebt als in irgendeiner andern Stadt.
Wo ist positive Landschaft? Küste des Mittelmeers, die Alpen. – Bedeutung haben die Alpen noch keinem gegeben; aber Nietzsche ist durch sie vielleicht ein paar Jahre früher verrückt geworden, als unumgänglich war.
Das Gebirge: Fratzen, gegen den Himmel gerichtet! – Unseres Geistes Geburten sind auch solche gegen den Himmel starrende Gebilde, gleißende Zähne. Eine ruhig-nichtssagende Landschaft nun steigert nicht das Starrende, Dünne und Gebrechliche an ihnen und nicht ihr Gift, treibt sie aber wohl zur Verstärkung ihrer Solidität (daß sie den Himmel machtvoller bedrohen können).

Ich glaube, der Einfluß der herrlichen Natur auf die geistige Arbeit ist dieser: es schleichen sich Fehler ein, und man entschuldigt Fehler.
Man sollte das Hochgebirge, wie geistige Getränke, in beliebigen Dosen wirken lassen können (abstellen, wann man will).
– Aber am Morgen, wenn Nietzsche in Sils-Maria erwacht, ist das schaurige, gleißende, starrende Gebirge schon wieder da – – nichts kühlt seines Traumes fieberhaftes, fratzenhaftes Gebilde ...
Wenn dagegen jemand in der Öde erwacht, will sein starr ragendes geistiges Gebilde, sein Traumgebilde,

sich auflösen – und wird sich auflösen oder muß fester gehämmert werden.
– und nur die immer neuen inneren Notwendigkeiten geben den Zuschuß, es immer fester zu fügen, so daß es *widersteht.* (Was der Öde widerstanden hat, wird auch der Zeit widerstehen.) Ist nicht Spinozas Werk so gebaut?

124

Eine geistige Produktion ist dann gewaltig (auf ihrer höchsten Höhe), wenn sie sich selbst zu verproviantieren beginnt, ohne anämisch zu werden.
Nietzsche ist vorwiegend auf der andern Seite: sich selbst verproviantierend, aber indem er anämisch wurde: sich vermindernd oder falsch steigernd, jedenfalls leidend dabei: sich nicht *voll* verproviantierend. Das herrlichste Beispiel für diese Seite, die des Siegens: Spinoza.

Leute wie Goethe treten nicht in diese Unterscheidung hinein; Goethe war eine Art Mastodont, dem die Welt die riesige Nährmasse, deren er bedurfte, geliefert hat, was nicht heißt, daß es ohne schwere und andauernde Kämpfe geschehen sei. In dieser Unterscheidung aber handelt es sich um die Einsamen; die, denen die Welt die Zufuhr verweigerte (jedenfalls die Zufuhr durch lebendige Umgebung). Ich nehme an, daß Goethe in diesem Entscheidungskampf gesiegt hätte – seine Kraft war gewaltig und seine tiefe Zuneigung zu Spinoza läßt ahnen, daß ihm der Sinn jener Richtung nicht fremd war –, aber ob er es wirklich vermocht hätte, weiß keiner.

125

Vom Jenseits. – »Zukünftiges Leben« sagen sie. Man soll doch besser jenseitiges Leben sagen; das ist schon ein großer Fortschritt. Denn das *weitere* Leben ist nicht zeitlich gekennzeichnet; »zukünftig« nennt man es nur, um die Leute in Erstaunen zu setzen; statt seiner wesentlichen Eigenschaft gab man eine seiner Seiten an, wie man manchmal ein Land mit dem Namen eines Distrikts benennt.
Die Realität des »Jenseits« ist einfach die: die andern, oder die Dinge der andern, nicht die unsrigen oder ich; also das Objektive.
– Da wir aber doch *real* in jenen weitern Dingen, im gleichen Element aller andern sind, in unsern Wirkungen uns fortsetzen: Wie ist denn diese Trennung entstanden (die uns vom höchsten Ort aus ganz hinfällig scheint), auf was für Gegebenheiten unserer Natur, psychologischen Gegebenheiten beruht sie?
Wohl einfach darauf:
Unsere Sinneswahrnehmungen reichen nicht über unsere subjektive Welt hinaus. Was das Objektive ist, muß ich denken.
Mit unsern Sinnen fassen wir einen beschränkten Raum unseres Daseins; mit dem Denken einen unermeßlich viel weiteren (niemals den ganzen). Das erste

nennen wir das Subjektive, das zweite das Objektive; das erste nennen wir Ich, das zweite die Welt: und diese Gegensätze sind nicht real. (Von der hohen Stufe der Weisheit aus wissen wir nicht mehr, wo die Grenzen setzen; – wenn wir uns zufällig überhaupt erinnern, daß der Mensch solche Grenzen kennt, daß auch wir sie kannten, soeben noch. Das sinnliche Auge trennt, das geistige vereint.)

Geistiges Sehen ist kein Gegensatz von sinnlichem Sehen, sondern dessen Erweiterung. Darum kann jeder dazu entwickelt werden, das »Jenseits«, die Ewigkeit zu sehen.

Das geistige Sehen geht von den sinnlichen Wahrnehmungen aus, ist deren Kombination, verfährt durch Analogien, ist der sinnlichen Wahrnehmungen *Erweiterung*. Und zwar sind seiner Erweiterung keine Grenzen gesetzt. »Wenn Phantasie sich . . . zum Ewigen erweitert.« Was ist Phantasie? Das Wort bezeichnet nur einen *Grad* des geistigen Sehens. Darum ist zwischen geistigem Sehen und sinnlichem Wahrnehmen die Grenze nie genau zu bestimmen. Im letztgenannten ist schon geistiges Sehen. Auch die Tiere haben es: die erste Gemse fällt erschossen, die andern gehen nicht mehr weiter. Warum geht die zweite nicht weiter, sondern wieder zurück? Nur ein Narr antwortet »sie hat ja . . . *gesehen*«. *Was* hat sie gesehen? Hat sie vielleicht den Schuß am eigenen Körper gespürt, quais als einen rückwärts treibenden Stoß? Nein, hier sind schon Kombinationen sinnlicher Wahrnehmungen, wird nach Analogie verfahren, sind *Erweiterungen*, weshalb in entferntestem Sinne durchaus schon von geistigem Sehen gesprochen werden kann. Die Grenzen sind nicht festlegbar. Beim Menschen aber ist dieses Vermögen ungeheuer entwickelt. Aus Ermüdung und um diejenigen, die weit hinterher waren und nicht mitkommen wollten, mit einem Knoten anzuschließen, um ihnen etwas vorzuwerfen, das zugleich etwas Festes war, das sie mit der Sache verband, sozusagen ein Pfand, und das zugleich doch wieder die Sache nicht in Bewegung setzte, keine Mühe beanspruchte, – so als vorläufigen Abschluß, als Fixierung einer Stufe – erfanden diejenigen, die das Vermögen weit voraus entwickelt hatten, Abkürzungen, Märchen (die Märchen sind ja keine Lügen, sondern Abkürzungen). Hier handelt es sich um Märchen, die in einem Wort bestehen: »Jenseits«, »zukünftiges Leben«.

126

Schrecklich ist unser Mangel an Gedächtnis! Daß wir unsere eigenen vergangenen Entwicklungsstufen vergessen! Wie viele ... Millionen, möchte ich beinahe sagen ... könnte ein weit voraus Entwickelter mitnehmen in seine Höhe, wenn alles auf den von ihm überschrittenen Stufen Vorhandene ihm noch immer gegenwärtig wäre; was für eine Macht würde er entfalten! Hermetisches Resultat schreckt ab. Hermetisch ist jedes Resultat, mit dem von der Stufe aus, auf der man sich befindet, keine Verbindungen, *noch* keine sichtbar oder fühlbar gewordenen Verbindungen, bestehen.

127

Seit vielleicht hundert Jahren lacht man über den Witz: Ein Philosoph habe dem andern vorgeworfen: »Er versteht sein eigenes System nicht.« (Wer die zwei waren, interessiert mich nicht.)
Ich meine, wer darüber ernstlich lacht, muß ein rechter Apotheker sein; das heißt ein Mensch, der keinen tiefen Blick, wirklichen Blick tat in unsere hauptsächlichen Dinge.
Der Mensch ist begrenzt; alles aber wirkt ins Endlose: Folglich muß es ganz klar sein, daß ein Denker möglicherweise eine der wesentlichen Folgen seiner Entdekkungen nicht mehr ermißt. Kann denn ein Denker universal sein?
Oder nimmt man an, daß jeder unendlich allein ist, daß jedes System folglich etwas absolut Persönliches ist, das in jedem seiner Elemente schon persönlich, getrennt von den übrigen Elementen der Welt, ist? – Lauter Unfug.
Wir sind eine vorübergehende Synthese des immer universal Daseienden, Strömenden . . .; einen Moment lang vermag einer die unendlichen Farben zum Bild zu *halten;* das ist die höchste menschliche Leistung, die persönlichste; schon verschiebt sich alles wieder, wirkt das gleiche anders, wirkt das gleiche Bild gleichzeitig auf verschiedene Arten, anders unter jeder an-

dern Beleuchtung, usw. Müssen das für den Erkennenden nicht sozusagen Axiome geworden sein? Unmittelbar erkenne ich, daß einer, der im Ernste, naiv, lacht über den genannten »Witz«, nicht beim *Sehen* ist, sondern in ganz verrotteten Vorstellungen.

128

Jeder große Geist ist immer eine Synthese; aber er weiß es nicht, er betont das Analytische.

Denn er führt *hinüber,* ist also notwendigerweise synthetisch, wie eine Brücke.
Aber die Brücke weiß es nicht, sie sagt: »Dort!« und führt hinüber.

129

Ich nehme an, daß im tiefsten Grunde ein jeder überzeugt ist von dem, was er kann – genauer, daß in seiner innersten Überzeugung ein genaues Wissen ist darüber, was er kann. Dieser tiefe Grund dringt bei den wenigsten an die Oberfläche hervor; auch mit sich selbst treibt man allerlei Mätzchen (wie viel mehr mit anderen, also im Sichtbaren). Bei Balzac brach der Grund hervor und er sagte über sich die Wahrheit. (»Ich trage die ganze gegenwärtige Gesellschaft in meinem Kopfe.« – »Ich bin im Begriffe, ein Genie zu werden.«) Auch Goethe, Hebbel kannten sich.
Auch ... und nun kommen viele; dann noch mehr.
Aber nun ist die Frage: in welchem Grade?

Denn zuletzt sind es ungefähr alle, sie aber kennen sich nur dunkel, dunkel.
– daß man immer mehr in den Nebel kommt, das ist das Absteigen von den Höhen (von Goethe kommend zu den Vielen). Die tieferen Regionen unterscheiden sich durch den Nebelgrad.

130

Wer wirklich fern ist von den andern, kann nicht einmal mehr sagen »Ihr seid fern von mir«.

131

Wunder geschehen nur dann, wenn man totalen Glauben hat – oder wenn man gar keinen Glauben hat. (Da die eine und die andere Stufe so selten sind, sind die Wunder so selten.)

132

Gott

Gott ist vor allem ein Produkt des menschlichen *Nichthandelns.*

In der Passivität spaltet man den Willen, das Handeln, das Verfügen als eine kühne Idee irgendwo in das Weltall ab, damit doch *eines* sei, das handelt, lenkt, verfügt, ein glänzend kühnes Bild; die Sehnsucht schuf und hält es.

»Gott lenkt« entspringt daraus, daß der Mensch selber nicht lenkt, was ihm zu lenken möglich wäre; der Mensch bildet und sagt dieses Sätzchen, um seine Würde zu bewahren.

Alles, was sie zeitlebens leugnen, schließt sich dann zuletzt knüppeldick zusammen zur Vorstellung »Gott«. Und auf sie nieder saust der Knüppel.

133

Die andern können dich nicht lehren, was *wirklich* ist.

134

Und dann, in einer Nacht wieder, habe ich Pascal so gut begriffen, wie man ihn überhaupt begreifen kann. (Es handelt sich natürlich nur um jene Hauptsache bei ihm, von der an anderer Stelle die Rede ist.[1]) Nur kann man für Gott etwas anderes einsetzen.
Im übrigen haben alle großen Geister dieselbe Verzweiflung erlebt (im selben oder in minderem Maße, meistens wohl in minderem) – vor dem *Tod,* dem Vergehen aller Dinge, dem Militär, der rettungslosen Dummheit der Menschen (der Wirkungslosigkeit, dem Sumpf).
– und mit Glut ebenfalls und mit derselben alles in

1 Vgl. 89 und VII, 86.

ihnen überwiegenden Gewalt sich dem rettenden *Einen* zugewandt (das meistens, wenn nicht immer, großartig einsam war) – man blicke auf Proust oder Lawrence, um den endlosen Raum der Möglichkeiten zu sehn. Und die wahrhaft großen Politiker waren ... auch nicht anders.

Ob Gott oder Idee, ist (psychologisch) nicht viel Unterschied. Es darf nur nicht etwas sein, *das unsern Kenntnissen widerspricht.*

135

Das *Reale* des Ewigkeit Habens ist, daß man die alten Bücher versteht; daß man Ruhm habe, »Werke« so oder so ausführe (die und die Form erreiche oder nicht erreiche), hängt von den Umständen ab.

136

Der Geistige kann kein Wesen beleidigen.
Denn der Geistige, das ist ein in großem oder vollem Maße von Leben Erfüllter; das Leben hat Achtung vor dem Leben.
Dies ist eine viel umfassendere Übereinstimmung als eine Nützlichkeitsübereinstimmung, etwa wie der Kuh gegenüber, wäre. Sie erstreckt sich über schlafende Katze, Maus und Käfer gleicherweise; wenn der geistige Mensch Wanzen und Mücken tötet, so tut er's

nicht mit Beleidigung, sondern bedauernd; wie auch, wenn er Tiere tötet, um sie zu essen; wenn er mäht, Bäume fällt.
Der aber, seien es noch so geringe Tiere – Käferchen, Schnecken, Maus – wirklich verachten, beleidigen kann, der hat nicht Geist. (Da nützt es ihm denn auch nichts, diese Tiere *nicht* zu beleidigen; könnte er's ja doch.)

Wenn ich den Hund ausnehme[1], so, genau gesehen, nicht des restlichen Tieres wegen, das auch in ihm ist, sondern *menschlicher Elemente* wegen: Unterwürfigkeit, Kriecherei, Falschheit, Käuflichkeit, totale Produktionslosigkeit. – Alle Hunde sind katholisch. Oder dann evangelisch, aber es gibt keine christlichen Hunde; und keine heidnischen; und keine menschlichen; und keine geistigen.

137

Manche Idee ist für euch abgedroschen, für mich nicht nur volles Korn tragend, sondern auch noch in der Erde und immer fortzeugend.
Die Vergangenheit, für euch abgedroschen und vergangen, ist für mich immer offen und zeugend in ungeahnte Möglichkeiten.

138

Wenn uns von allen nur Spinoza und Goethe übrigblieben: So hätten wir schon (noch immer) die Hauptsache.

1 Vgl. VIII, 49, 50.

Spinoza: die entscheidende Kühnheit des Geistes. Goethe: der Ausblick in endlose Entwicklungsmöglichkeiten, und zwar der sinnliche, der sozusagen verkörperte Ausblick (Ausdruck, Beweis), denn abstrakt, angedeutet, ist dieser Ausblick schon bei Spinoza.

139

Dasjenige, was zur alten Form treiben soll, erscheint mit allen Poesielichtern geschmückt (die »Vaterlandsglut« des Fascismus, der man nicht die »Verbesserung«, die »Richtigkeit« gegenüberstellen kann: es fehlt das Sinnliche, weil die Begriffe neu sind und darum die Poesie noch nicht geschaffen wurde); was zur neuen Form führen will, hat diese Lichter nicht und wird sie durch etwas ganz anderes ersetzen: die Not.
Aber die Not genügt, wirklich Großes, Weitreichendes zu schaffen, nicht; sie hat als Mitwirkende nötig jene wesentliche schöpferische Macht: die Phantasie. – Und vielleicht würde man besser sagen: *die Phantasie ist die Erscheinungsform der schöpferischen Not.*

»Schöpferische Not«: gibt es noch eine andere? Gewiß; jede volle Not vermag zwar eine Veränderung; aber als schöpferische Not bezeichnen wir diejenige, die nicht nur eine Veränderung des Augenblicks, sondern über den Augenblick Hinausreichendes (nicht nur kausal!), viele Augenblicke Umfassendes, neues *Gebilde* zu erzeugen vermag.

Phantasie

In einem Briefe stand: »S. (ein Kind) hat seit ... nicht mehr geschrieben und das kann mit Schreibfaulheit nicht erklärt werden.« Nein, aber mit Mangel an Phantasie; und da die Erwachsenen an Phantasie so unendlich wenig besitzen – wir erleben die erstaunlichsten Dinge, mehr und mehr –, wie sollte sie das Kind haben? – Ist denn nicht Phantasie das, was das Kind im Übermaße besitzt? Nein.
Was ich unter Phantasie verstehe – die höchste menschliche Tätigkeit –, ist die Summe von dem, was das Kind überreichlich besitzt, *und* Erfahrung und allen dirigierenden Kräften des Verstandes.

Hat vielleicht Kassners Begriff[1] »Einbildungskraft« zu tun mit dem, wofür ich die Bezeichnung »Phantasie« gewählt habe? – Müßte man aber nicht Einbildungskraft dem Tier und dem Fieberkranken auch zusprechen? Das ist eben gar nicht, was ich als Phantasie bezeichne. Was ich meine, ist das, was zum Beispiel Proust in höchstem Maße besitzt – und zwar als den Hauptbestandteil seiner Größe. Und was jedermann allein retten kann. Etwas, das durchaus im Gegensatz steht zu *Einfällen;* – »durchaus Gegensatz« ist zuviel gesagt, aber was sich auf das schärfste unterscheidet. »Das Vermögen, sich eine andere Lage *richtig* vorzustellen.«

Wollte jemand das »richtig« einer Kritik unterziehen[2], so müßte man eigentlich nur lächeln darüber. Denn versteht es sich nicht fast von selber:
»Richtig« ist (hier), was die praktische Probe besteht.

1 Über den ich nicht genügend Genaues weiß.
2 Vgl. 81.

Die Ferne, die zeitliche oder örtliche, kann doch aufgehoben werden? – was dann nicht geändert zu werden braucht, sondern sich als anschließend, wirkend erweist.

141

Über die absolute Lustlosigkeit. – Beginnt nicht der Wahnsinn mit Gleichgültigkeit? (Natürlich nicht jeder Wahnsinn.) Die absolute Lustlosigkeit – ist sie nicht schon Wahnsinn? Schwer erklärt man dem, der nicht etwas derartiges erfahren hat, was absolute Lustlosigkeit ist. (In Gefängnissen mögen indessen einige, die sonst nicht viel erlebten – nicht geistig bedeutend sind – das kennen; nur, leider, werden diese es wieder vergessen, wenn sie draußen sind.) Er wird mit Langeweile verwechseln oder mit Abneigung!

Wenn sich Ding um Ding, das locken sollte, als reizlos zeigt, und du erblickst, daß so in einer ewigen Kette könnte . . .

Und die totale Melancholie wäre darzustellen, aber dann die *totale* Melancholie . . .
Hier genügen direkte Nennungen nicht mehr. Es wäre nur etwa eine schwache Idee zu geben mit der *Ziege von Dingy.*

Im Stall war noch ein Verschlag. Der Stall aber auch schon ist vorwiegend ohne Beziehung mit dem Außen: man gelangt in ihn durch eine mit Wagen, Trümmern und Geräten gefüllte Remise (einstige Scheune), aber nicht über eine gewöhnliche Schwelle, sondern über ein breites, unten quer über die niedrige Türöffnung genageltes Brett, wobei man also zugleich darauf achten muß, die Füße hoch zu heben, oben aber mit dem Kopf nicht anzustoßen;

dieser Stall ist ohne Fenster – jedenfalls dem Anschein nach: wenn irgendwo eines sich befindet, ist es so klein, versenkt, dicht versponnen (und vielleicht in einen mit Stangen verstellten Schattenwinkel des Gartens gehend), daß es nicht mehr als Fenster zählen kann; der Stall ist mehr dunkel als hell. In diesem Stall ist ein Verschlag. Und in diesem Verschlag war noch etwas, nämlich, seit ein paar Jahren, eine Ziege.
Welche Farbe hatte die Ziege? Sie war weiß, wie sich zeigte an jenem großen Tage, an dem sie herausgeführt wurde. Allerlei Gespinste waren an ihr, merkwürdige Gewächse hatten sich eingenistet an ihr, teilweise farbige, allerlei Gewächse oder Krankheiten, wie man nun feststellen konnte, als man sie hervornahm – heraus, erst durch den Stall, dann die schon weniger dunkle Remise, ans Tageslicht! – an die Luft und das Licht eines gewöhnlichen Tages, was auf die Ziege eine so fürchterliche Wirkung hervorrief, daß sie Eigenschaften aller möglichen Tiere annahm, zartestes Gras, kaum abgerupft, zu fressen vergaß, sich, obgleich schwer und nicht mehr jung, gegen Bäume, gegen die wilden Reben stürzte, im Kreise wirbelte, stutzte vor dem grauen Band der Straße, ausriß, bald aber doch wieder stehen blieb, das Ungeheuerliche da draußen, die unglaubliche, lichter-strahlende, vielfältige Welt schreckte sie zu sehr.

142

Entscheidung

Nach der vorausgegangenen sehr schrecklichen Nacht, als ich endlich tief zu schlafen begonnen hatte, dann aber gleich wieder aufgejagt worden war durch etwas, das wirkte wie ein Messerstich, – und als nun alles das, was mir alle Tage fehlte und was nie zu erreichen schien, nacheinander oder auch miteinander an mir vorüberzog, und auch alles das, was mir alle Tage zusetzte und was offenbar bei seiner Dauer und bei der Aussichtslosigkeit einer Änderung jedes Leben unterbinden, auf langsame, sichere Art den Atem selber nehmen mußte; – und als ich von jener totalen Lustlosigkeit überfallen wurde, die ich noch nie ausdrücken konnte und die auszudrükken vielleicht keinem je gelingen wird –:

Im Momente also des Einschlafens, da man sinkt, entsinkt ... und da eben mit einem »ich kann nicht mehr« sie ausbrach, die totale Lustlosigkeit, und ein Hochfahren geschah wie das des Erstickenden, Ertrinkenden: *Wie* weiterhin ... (das, was bisher immer gerettet hatte, die zentrale Sache:) schreiben, die Werke fassen, tragen? – da erkannte ich, ging die Erkenntnis vor mir auf, dunkel-hell, paradiesisch, kaum sagbar –
daß sie nicht aus Lust geschehen und nicht aus Förderung durch einen gewissen Schmerz,
sondern –
Und dieses nicht, oder hier nicht Auszudrückende zu verkörperlichen, traten diese zwei brennenden (brennenden aber ohne Übles zu tun: brennendleuchtenden) Erinnerungen ein: An einen Satz, den ich einmal gelesen hatte »von jenen schöpferischen Tiefen, die gleich entfernt sind von Freude wie von Leid«, und einen andern Satz, noch ungenauer gewußt, von jemand über Pascal geschrieben: Die Last, die jeder andere abgeworfen hätte, nimmt er auf sich und keuchend, flammend steigt er damit den Berg hinan.
Und meine Vorstellung, ausgedrückt dennoch in den zwei Erinnerungen, gab mir dasjenige wieder, was ich in den Überlegungen und Zuständen der schrecklichen Nacht nicht mehr hatte finden können oder nicht mehr zu finden gemeint hatte. Genau so mußte es dem Gläubigen gewesen sein, der durch seinen Glauben wieder gerettet wurde.

Das ist das Wort des hier Geschehenden: eine *neue*

Sinnlichkeit. Oder: die tiefere – gründlichere, definitivere – Installation an dem zuerst schwer auch nur *erreichbaren* Orte ...

143

Ein höckeriger Boden in Entfernung bekam die Glattheit einer geschliffenen Platte.
»Früher ...« Früher war ein Idealzustand. (In irgendeiner Sache vergleicht man.) – Aber nur, weil du nicht schärfer hinschaust. In Wirklichkeit war damals ein ewiges Auf und Ab, ein immer wiederkehrendes knappes Gerettetwerden von Kalamitäten.
Also kann man dasselbe heute auch noch tun.

144

So war der Moment, als ich aus der Einsamkeit in die Uneinsamkeit einen der größten Schritte tat:

– als ich nämlich, in meinem dreißigsten Jahr, in dem Zimmer, an das ich mich immer erinnern werde, Goethes »Maximen und Reflexionen« zum erstenmal in die Hände bekam; nach der langen Dunkelheit, nach dem ununterbrochenen Arbeiten im Dunkeln, von nichts unterstützt, von keinem Licht beleuchtet; von keiner Erscheinung wenigstens der *geistigen* Außenwelt bejaht:

– so war der Moment und nicht anders kann er sein: eine Felsendecke bricht, es rieselt Licht hernieder, und alles, was man geschaffen hat, zeigt sich als echt.

145

In *der* Epoche seines Lebens hat er von *der* Sache genug – erotische Beziehung vielleicht oder Geld –; was er aber vorher besaß – zum Beispiel innere Beziehungen, Anerkennung – oder Gesundheit – oder Festigkeit –, hat er jetzt nicht mehr, *da* ist jetzt Öde und da jetzt die Sehnsucht:

». . . also hat er doch wieder das andere nicht und hat wieder gleichviel.« *Das ist nicht wahr.* – Es ist etwas Neues dazugekommen. (Die Ergänzung der zweie; das Bild der zwei fehlenden Hälften wie der zwei vorhandenen, ein Produkt der Verschiebung; das Sehen, daß jede der Hälften fehlen kann, dasein kann.) . . . Aus dem wechselnden Irdischen herauf dämmert das Reale.

146

Der Mann, der Mensch möchte *durch . . . hindurch* – ja wohin? Durch das Äußere hindurch zum Inneren und Innersten . . . Aber in Wirklichkeit bewegt er sich nur, durch das »Äußere«, und kann sich endlich nur selbst vermindern; und es bleibt ihm nur übrig, dasselbe zu wiederholen.
Beim allzu langen und nahen Verweilen an einer Stelle verflüchtigen sich die Reize – strömen, wenn man sich entfernt, wieder dahin zurück.
Ein Gebirge ragte unfern einem Dorf, »der Finger Gottes«, schauerlich, besonders vor der Abendröte; bucklige und schauervolle Figuren genug darum

herum. »Ich muß doch einmal sehen . . .« sagte der Tor des Dorfs, stieg zwölf Stunden und wühlte sein Gesicht so tief ins Gestein, daß zementener Geruch ihn fast erstickte; kam wütend, tobend vor Enttäuschung zurück; fluchend seiner Täuschung, denn es war nichts dort, er war betrogen worden. Aber als er in der Abenddämmerung, schon nahe dem Dorf einmal Halt machte, schon etwas besänftigter und müde, träumerisch, – was stand hinter ihm? was hatte sich zusammengeschlossen zum Kreise, schauervoll ragend vor den Himmeln, drohend wie nie? Der Finger Gottes, umgeben von furchtbaren Figuren genug. Ragende und bucklige Wahnsinnige, Gesellschaft von Riesen und Krüppeln, riesig alle. Der Narr öffnete den Mund und begann zu lallen und verbarg sich hinter Blättern.

Aber, sag ich's? – daß der Tor mir lieber ist als die andern Bewohner des Dorfs? Die waren nämlich nicht so weit; die sagten einfach, *es sei so.*
Der Sohn des Toren kann etwas sein.

147

»Alle Bilder (die mit Ernst komponierten) sind wahr; aber die Geschichte ist länger.«[1]
Nicht zu vergessen ist dies: Wenn lange Zeit verging, setzen sich die Bilder wieder zusammen (die Ereignisse wieder zum *Bild* zusammen).

1 Nuancen und Details, II, 20.

So ist, was in der Prophezeiung stand, geschehen, ist vorübergegangen – *man weiß eigentlich nicht, wann.* Schon steht wieder das Bild da: jetzt in der Vergangenheit.

148

Die Größten, die Einsamen sind, die Vertrauen zu der Welt haben.
– wie zu einem Bruder.

149

Die Ewigkeit schaut herein durchs Fenster, groß, ein Gesicht[1]!

Gleich wie in der Hütte des Holzhackers im Walde auf einmal ein Gesicht hereinschaut – – das Gesicht eines Wanderers, er war schon lange da, während der Holzhauer still seiner Beschäftigung oblag – am Herde –, und er wird noch lange bleiben.

150

Wieder einmal sah ich im Halbtraum etwas, das mit den Mitteln des Tags kaum wiederzugeben ist, und zwar blieb es, das *dort* klar und beseligend gewesen war, hier unfaßlich, weniger weil es ins Komplizierte hinein, als weil es ins Einfache, Einfachste hinein

1 »Antlitz« nicht »Vision«!

verschwebte. – Ich sah: wie gerecht es ist, wie *un*häßlich und richtig, was als so häßlich und qualvoll erscheint; wie *unverloren* das als so verloren Erscheinende: daß tausendmal Leiden und Versuch, Spannung, Durchdrungensein unserer Wahrnehmung mit dem Unrichtigen sein muß, bis, nach tausend Versuchen mindestens, nach tausend Willensäußerungen mindestens, *einer* hervortritt nach oben. Daß dies ganz in der Natur liegt, Naturgesetz ist; nicht geringer als das »fruchtbarste« Geschehen; ganz Produktion, Bejahung – gesund; und daß nur eines bedenklich und bedauerlich ist, nämlich das Gegenteil: wenn einer *aufhört* mit dem Wollen, zurücktritt aus der Spannung der »ungesunden« Un-Einsheit.

151

»Unrein, unrein!« riefen die mittleren Engel.
Aber aus dem höchsten Himmel tönte ein Ton:
»Rein.«

152

Alles, was du bist, wirst du einst sein.

153

Tage lang, in entscheidender Zeit, obsedierte mich dieser Vorgang:
Man schaut mit Anstrengung auf einen ziemlich fernen Hügelrand, oder auf das kleine Gekräusel einer Linie über dem Wald, und man weiß: es soll da etwas geschehen, ein *Gesicht* wird gezeichnet. Man sieht es noch nicht. Manchmal meint man es schon zu sehen, dann wieder nicht mehr; man sieht es noch nicht, aber man arbeitet daran. Wir schauen scharf hin, bemüht, es im ersten Augenblick, da es entstanden sein wird, zu erkennen. Wir arbeiten übrigens nicht nur dort, auch anderswo: tief unten in einer Ecke des Plans, und auch oben, in den Wolken, da und dort; aber nur auf jene Stelle schauen wir mit ganz großer Anstrengung, wo es bald erscheinen muß, wo wir bald das Gesicht (Antlitz) erkennen müssen. Immer wenn es fast herausgebracht ist, ist es doch noch nicht heraus, wir hatten unsere Augen nur zu einer Täuschung gezwungen, und die Arbeit geht weiter. Das Leben ist lang, es beginnt uns lang vorzukommen ...
– Aber auf einem Plan, der von der Erde bis in den Zenith des Himmels reicht – weiß wie eine Bildfläche – und auf dem jenes Arbeitsgekräusel und -gedrehe, das wir immer fixierten, nur ein kleiner Teil ist, ein Hundertstel nicht einmal der Fläche: auf diesem ungeheuren Plan, von hier über Wald und Hügelrand ansteigend bis zu den Wolken und ganz bis in die höchste Mitte des Himmels hoch, – auf diesem Plan *erscheint* auf einmal das Gesicht. Alle Linien, die

einzelnen Arbeitsherde haben sich zusammengefügt; was wir fixiert haben, ist ein winziger Teil seiner Ausdehnung; es geht über uns hinaus und rund um uns herum; Wald und Hügel und alle Dinge dienen ihm, dienten ihm, sind in es eingegangen; aber bis in den Zenith des Himmels steigen seine gewaltigen Konturen.

Uns Menschen sind immer die Zusammenhänge, das Dynamische, viel klarer, eher klar, als die Dimensionen; – öfters schon haben wir beobachten können, wie die Ankündigungen von Propheten wohl stimmten – nur die Angaben der Zeit stimmten nicht.

Vom Arbeiten

Bild

(Die Zahlen sind die Nummern der Stücke)

Wahrheit 4, 34, 48, 103.

Bibliothek Suhrkamp

Verzeichnis der letzten Nummern

559 Raymond Roussel, Locus Solus
560 Jean Gebser, Rilke und Spanien
561 Stanisław Lem, Die Maske · Herr F.
562 Raymond Chandler, Straßenbekanntschaft Noon Street
563 Konstantin Paustowskij, Erzählungen vom Leben
564 Rudolf Kassner, Zahl und Gesicht
565 Hugo von Hofmannsthal, Das Salzburger große Welttheater
567 Siegfried Kracauer, Georg
568 Valery Larbaud, Glückliche Liebende . . .
570 Graciliano Ramos, Angst
571 Karl Kraus, Über die Sprache
572 Rudolf Alexander Schröder, Ausgewählte Gedichte
573 Hans Carossa, Rumänisches Tagebuch
574 Marcel Proust, Combray
575 Theodor W. Adorno, Berg
576 Vladislav Vančura, Der Bäcker Jan Marhoul
577 Mircea Eliade, Die drei Grazien
578 Georg Kaiser, Villa Aurea
580 Elias Canetti, Aufzeichnungen
581 Max Frisch, Montauk
582 Samuel Beckett, Um abermals zu enden
583 Mao Tse-tung, 39 Gedichte
584 Ernst Kreuder, Die Gesellschaft vom Dachboden
585 Peter Weiss, Der Schatten des Körpers des Kutschers
586 Herman Bang, Das weiße Haus
587 Herman Bang, Das graue Haus
588 Hermann Broch, Menschenrecht und Demokratie
589 D. H. Lawrence, Auferstehungsgeschichte
590 O'Brien, Zwei Vögel beim Schwimmen
591 André Gide, Die Rückkehr des verlorenen Sohnes
592 Jean Gebser, Lorca oder das Reich der Mütter
593 Robert Walser, Der Spaziergang
594 Natalia Ginzburg, Caro Michele
595 Raquel de Queiroz, Das Jahr 15
596 Hans Carossa, Ausgewählte Gedichte
600 Thomas Bernhard, Ja
601 Marcel Proust, Der Gleichgültige
602 Hans Magnus Enzensberger, Mausoleum
603 Stanisław Lem, Golem XIV
611 Wladimir Trendrjakow, Die Nacht nach der Entlassung
617 Paul Nizon, Stolz
624 Ludwig Hohl, Bergfahrt

Bibliothek Suhrkamp

Alphabetisches Verzeichnis